社会政策重点领域改革研究

社会发展研究部课题组　著

中国发展出版社
CHINA DEVELOPMENT PRESS

图书在版编目（CIP）数据

社会政策重点领域改革研究/社会发展研究部课题组著．北京：中国发展出版社，2016.10

（国务院发展研究中心研究丛书．2016／李伟主编）

ISBN 978-7-5177-0536-9

Ⅰ.①社…　Ⅱ.①社…　Ⅲ.①社会政策—研究—中国
Ⅳ.①D601

中国版本图书馆 CIP 数据核字（2016）第 156449 号

书　　名：社会政策重点领域改革研究
著作责任者：社会发展研究部课题组
出 版 发 行：中国发展出版社
（北京市西城区百万庄大街 16 号 8 层　100037）
标 准 书 号：ISBN 978-7-5177-0536-9
经　销　者：各地新华书店
印　刷　者：北京科信印刷有限公司
开　　本：710mm×1000mm　1/16
印　　张：10
字　　数：120 千字
版　　次：2016 年 10 月第 1 版
印　　次：2016 年 10 月第 1 次印刷
定　　价：40.00 元

联 系 电 话：（010）68990625　68990692
购 书 热 线：（010）68990682　68990686
网 络 订 购：http：//zgfzcbs.tmall.com
网 购 电 话：（010）68990639　88333349
本 社 网 址：http：//www.develpress.com.cn
电 子 邮 件：121410231@qq.com

“社会政策重点领域改革研究”
课题组

课题总负责人

葛延风　国务院发展研究中心社会发展研究部部长　研究员

课题执行负责人

李建伟　国务院发展研究中心社会发展研究部副部长　研究员

林家彬　国务院发展研究中心社会发展研究部巡视员　研究员

课题协调人

喻　东　国务院发展研究中心社会发展研究部　副研究员

课题组成员

丁宁宁　国务院发展研究中心社会发展研究部　研究员

王列军　国务院发展研究中心社会发展研究部副部长　副研究员

佘　宇　国务院发展研究中心社会发展研究部第三研究室副主任　副研究员

张佳慧　国务院发展研究中心社会发展研究部第一研究室副主任　副研究员

王雄军　国务院发展研究中心社会发展研究部第二研究室副主任　副研究员

张冰子　国务院发展研究中心社会发展研究部　副研究员

总　序

践行五大发展理念　发挥高端智库作用
努力推动中国经济转型升级

2016年是“十三五”开局之年。“十三五”时期是塑造中国未来的关键五年，到2020年能否实现全面建成小康社会的目标，不仅是发展速度快慢的问题，更是决定中国能否抓住转型发展的历史窗口期，跨越“中等收入陷阱”、顺利实现现代化的问题。

2015年10月，党的十八届五中全会通过的《中共中央关于制定国民经济和社会发展第十三个五年规划的建议》确立了“创新、协调、绿色、开放、共享”五大发展理念。2016年3月，十二届全国人大四次会议通过的《国民经济和社会发展第十三个五年规划纲要》明确了新时期发展的总体思路，提出了应对国内外严峻挑战的战略性安排。

毋庸讳言，我国经济社会发展确实面临着一些前所未遇的困难和挑战，诸如：劳动年龄人口绝对量下降，老龄化问题日益显现，传统产业和低附加值生产环节的产能严重过剩，粗放式发展产生的生态环境问题逐渐暴露，以创新为驱动力的新增长动力尚未形成，社会对公平正义的诉求日益增强，等等。但与此同时，也应该客观地看到，我国的发展依然有着巨大的潜力和韧性。城镇化远未完成，欠发达地区与发达地区间存在明显的发展差距。这意味着，在当前和未来相当长的时期内，投资和消费都有很大的增长空间。我国产业体系完备、人力资本丰富、创新能力正在增强，有支撑未来发展的雄厚基础和良好条件。目前经济增长速度呈现的下降态势，只是经济结构转型过程中必然出现的暂时现象，而且这一态势是趋缓的、可控的、可承受的。随着结构调整、经济转型不断取得进展，我国经济将在新的发展平台上实现稳定、持续的中高速增长。

正是基于各种有利因素和不利因素复杂交织、相互影响的大背景，我们认为，中国的现代化已经进入转型发展重要的历史性窗口期，如果不能在窗口期内完成发展的转型，我们就迈不过“中等收入陷阱”这道坎，现代化进程就有可能中断。

中央十分清醒地认识到这一点，并对转型发展进行了周密部署。概言之，未来五年，为了推动经济转型、释放发展潜力，我们将以新的发展理念为统领，依照“十三五”规划描绘的蓝图，通过持续不断地深化改革和扩大开放，建立新的发展方式，形成创新驱动发展、协调平衡发展、人与自然和谐发展、中国经济和世界经济深度融合、全体人民共享发展成果的发展新格局。

推动经济转型升级，形成发展新格局，需要从供给和需求这两侧采取综合措施，在适度扩大总需求的同时，着力加强供给侧结构性改革，转变发展方式，促进经济转型。我国经济发展正处于“三期叠加”的历史性转折阶段，摆在面前的既有周期性、总量性问题，但更突出的是结构性问题。在供给与需求这对主要矛盾体中，当前矛盾的主要方面是在供给侧。比如，在传统的增长动力趋弱的同时，新的增长动力尚难以支撑中高速增长；产业结构资源密集型特征明显，对生态环境不够友好；要素在空间上的流动还不够顺畅，制约了城乡、区域协调发展；对外经济体制不能完全适应国际贸易投资规则变化的新趋势等。因此，去年以来，中央大力推进供给侧结构性改革，重点落实“三去一降一补”五大任务，用改革的办法推进结构调整，提高供给结构对需求结构变化的适应性，努力提升经济发展的质量和效益。“十三五”规划亦把供给侧结构性改革作为重大战略和主线，旨在通过转变政府职能、发展混合所有制经济、增强市场的统一性和开放性、健全经济监管体系等，促进资源得到更合理的配置和更高效的利用，提高生产效率，优化供给结构，为形成发展新格局奠定坚实的物质基础。当然，这里要强调的是，注重供给侧结构性改革，并非不要进行需求管理。我们还将采取完善收入分配格局、健全公共服务体制等措施，推动社会实现公平、正义，并为国内需求的增长提供强力支撑，使需求和供给在更高水平上实现良性互动。

当前，国务院发展研究中心正在按照中央的要求和部署，积极推进国家高端智库建设的试点工作，努力打造世界一流的中国特色新型智库。作为直接为党中央、国务院提供决策咨询服务的高端智库，我们将坚持“唯真求实、守正出新”的价值理念，扎实做好政策研究、政策解读、政策评估、国际交流与合作等四位一体的工作，为促进中国经济转型升级及迈向中高端水平、实现全面建成小康社会的宏伟目标做出应有的贡献。

这套“国务院发展研究中心研究丛书2016”，集中反映了过去一年我们的主要研究成果，包括19种（20册）著作。其中：《新兴大国的竞争力升级战略》（上、下册）和《从“数量追赶”到“质量追赶”》是中心的重大研究课题报告；《新形势下完善宏观调控理论与机制研究》《区域协同发展：机制与政策》等9部著作，是中心各研究部（所）的重点研究课题报告；还有8部著作是中心资深专家学者或青年研究人员的优秀招标研究课题报告。

“国务院发展研究中心研究丛书”自2010年首次面世至今，已是连续第七年出版。七年来，我们获得了广大读者的认可与厚爱，也受到中央和地方各级领导同志的肯定和鼓励。我们对此表示衷心感谢。同时，真诚欢迎各界读者一如既往地关心、支持、帮助我们，对这套丛书以及我们的工作不吝批评指正，使我们在建设国家高端智库、服务中央决策和工作大局、推动经济发展和社会进步的道路上，走得更稳、更快、更好。

国务院发展研究中心主任、研究员 李伟

2016年8月

内容摘要

当前社会政策重点领域主要是医疗卫生、教育和社会保障（包括养老）。为了突出改革的目标和可行路径，本书不求四平八稳、面面俱到，而是以问题为导向，以上述领域的若干关键改革为切入点，一共形成了九篇专题研究报告。此外，还就经济增长方式转换期非常关键的劳动就业问题进行了研究。

提供普遍服务的三级医疗服务体系、妇幼保健和重大疾病防控一直是我国医疗卫生事业的重中之重。专题一（鼓励社会办医必须厘清的几个问题）指出，在进一步明确公立医院的主导地位的前提下，鼓励社会办医的主要目标和功能是动员社会力量、提升整体服务能力、拓展服务范围、满足多样化需求；政策重点是激励约束并举，促进非营利机构健康发展。“混合所有制公立医院”“股份制非营利机构”等错误做法必须严格控制。专题二（关于全面实施免费基本生育服务的建议）指出，要进一步降低我国孕产妇死亡率和婴儿死亡率，减少出生缺陷及其他相关疾病发生率，就应充分借鉴国际经验，提供免费的全过程基本生育服务，同步推进服务体系和支付方式改革，在服务能力和经济上都切实可行。专题三（以乙肝药物免费提供为切入点，同步推进乙肝防治和基本药物制度的完善）指出，针对防控形势依然严峻的部分重大疾病，可以通过防治模式改革，率先实现防控突破。建议近期以完善乙肝防控作为切入点，通过政府主导与相关药品生产企业谈判，大幅度降低乙肝优选药物的采购成本并以（基本）免费方式提供，同步推进基本药物制度完善。专题四（利用信息化手段，提升基层医疗体系能力）指出，我国三级医疗服务体系的一个突出问题是基层医疗体系利用率不高，其中一个重要的原因是基层医疗体系能力还很不足，患者对其缺乏信心。通过信息化手段推动基层诊疗的标准化、网络化，发展更加贴近患者的诊疗方式，从总体上优化医疗资源配置，是能力提升的一个重要“抓手”和突破口。

义务教育公平性和民办教育是教育事业的近期重点。专题五（建立教师流动制度：担忧、障碍与建议）指出，教师流动是义务教育均衡发展的关键手段，要充分考虑教师个体及学校、主管部门等机构利益对教师流动的影响，从激励与约束两方面入手，对相关制度障碍进行针对性改革。专题六（促进民办教育健康发展的思路与建议）指出，一些长期制约民办教育发展的制度桎梏和政策壁垒还没有从根本上消除，应理顺政府与民办学校关系，进一步明确民办教育目标、定位和业务范围，在区分营利性和非营利性的基础上建立民办学校分类管理制度，同时加强整体规划、业务指导和质量监管。

社保制度改革和养老服务体系建设是社会保障事业的重点和难点。专题七（社会保障领域的重点改革）指出，社会救助制度改革重点是完善待遇确定和调整机制，提升管理能力；养老保障重点是引入名义账户制，扩大缴费型支柱的覆盖范围，建立和扩展补充型养老支柱，加快推进降低费率、延迟退休等改革；医疗保障重点是整合三项医保制度和管理体制，改革筹资和缴费机制。专题八（我国社会养老服务体系建设存在的问题与调整建议）指出，我国社会养老服务体系建设刚刚起步，顶层设计缺失的问题突出，应从社会养老服务体系的定位和作用出发，完善定价机制和筹资方式，加强人员队伍建设。

劳动就业问题是当前的一个热点。专题九（我国劳动力供求格局的转折性变化与就业政策调整）指出，未来10年是我国劳动力供求格局从总量基本平衡向供给不足转换的重要时期，劳动力供给规模将在2016年达到7.7亿人的峰值，之后将逐步下降到2025年的7.6亿人。就业政策的重点应从过去的保就业总量调整为鼓励就业和提升劳动生产率。

目录

专题一

鼓励社会办医必须厘清的几个问题

按照新一轮医改方案确定的正确目标和党的十八届三中全会《决定》精神，促进社会办医健康发展，就要对一些基本问题理清思路。在进一步明确公立医院主导地位的前提下，动员社会力量办医，提升整体服务能力、拓展服务范围、满足多样化需求是鼓励社会办医的最主要目标和功能；政策重点是激励和约束并举，促进非营利机构健康发展。当前医疗服务领域出现的“混合所有制改革”“股份制非营利机构”等改革思路和做法，在逻辑上、法理上都行不通，现实危害很大，必须从严控制，存在明显偏差的做法要及时制止。

一段时期以来，社会办医的热度很高。学术界有很多鼓励与呼吁，社会资本有了更大热情，一些地方政府也开始进行不同形式的政策鼓励甚至“政策创新”。对于其中的一些理念、走向和做法，质疑的声音也很多。毫无疑问，在国家政策层面，对社会办医一直是鼓励和支持的。2009 年出台的新医改方案、随后的一系列相关政策文件以及党的十八届三中全会通过的《中共中央关于全面深化改革若干重大问题的决定》（以下简称《决定》）都对此有明确的表述和要求。我们认为，对于社会办医，不存在要不要发展的问题，重要的是如何按照医疗卫生事业发展的内在规律，按照新一轮医改方案确定的正确目标和三中全会《决定》的精神，促进其健康发展。对一些基本问题，必须理清思路，防止走弯、走偏。

一、进一步明确鼓励社会办医的目标

长期以来特别是新一轮医改启动以来，国家一直明确鼓励社会办医，并陆续出台了一系列鼓励性政策。但迄今为止，社会上对为什么要鼓励社会办医一直有不同的解读。有观点认为，通过鼓励社会办医，可以提升整体的医疗服务能力，提供多层次、多样化的服务，满足多样性需求；有观点认为，当前公立医院改革滞后，通过社会办医，引入竞争，可以倒逼公立医院改革；还有一种解读，就是当前我国经济面临下行压力，很多领域产能过剩，鼓励社会办医，可以成为新的经济增长点，可以为社会资本提供新的投资出路，等等。

动员社会力量办医，提升整体服务能力、拓展服务范围、满足多样化需求是鼓励社会办医的最主要目标和功能。这也有利于动员公共服务领域的社会参与，完善政府与社会力量的关系。从发达市场经济国家的经验看，在医疗服务领域，也大都以不同方式鼓励社会力量参与。应该说，鼓励社会办医是正确的方向。

通过鼓励社会办医促进公立医院改革是一个值得探讨的问题。在一定程度上，社会力量举办的医疗机构具有较强的自主性，在治理方式、人事与薪酬制度以及成本控制等不少方面可以进行更加灵活的探索，可以为公立医院在相关领域推进改革提供示范。适度引入竞争也可以改变公立医院的发展环境，形成一定的改革压力。但从本质上讲，我国公立医院的核心问题并不是竞争不足抑或简单意义上的内外部治理方式问题，而是相当长一段时期以来简单套用经济领域和企业改革做法，政府责任不到位、激励和约束及评价机制等出现严重偏差，导致了公立医院定位、目标和行为方式的全面扭曲。对于这些问题，单靠引入社会办医是不可能解决的。如果公立医院面临的基本的体制机制缺陷得不到解决，引入社会办医强化市场竞争，还有可能导致公立医院行为的进一步扭曲。对此，我们应当有清醒认识。

把鼓励社会办医的目标定位为替社会资本寻找出路以及为“新的经济增长点”肯定是有问题的。以此为目标，必然导致逐利性资本大量进入医疗服务领域，进而导致严重的医患之间利益目标冲突、干预手段和技术路线选择扭曲、高端服务能力的无序扩张以及层级和布局体系的失衡，医疗卫生服务的宏观绩效会更加低下，看病会更“贵”。卫生经济学的基本理论和世界各国的实践已经充分证明了这一结果。这也是世界各国，特别是绝大多数发达市场经济国家对社会办医尤其是社会资本以营利目标进入医疗服务领域进行严格限制的根本原因。值得高度警觉的是，目前国内一些地方鼓励社会办医，恰恰就是将其视为新“增长点”，视为民间资本投资的“新出路”，不仅不把社会办医纳入区域卫生规划，甚至对以营利为目标的社会办医给予直接或间接的公共财政支持。如果这种趋势大范围蔓延，必定会对医疗卫生事业的健康发展构成严重负面影响。

需要强调的是，随收入和消费水平的提升，未来健康产业的确是新的经济增长点，也需要更加突出社会资本和社会力量的参与。但需要明确，医疗服务只是健康产业的一个部分，且是非常特殊的部分，需要特殊的制度安排。

二、激励约束并举，促进非营利机构健康发展

社会办医有两种基本方式，一是立足社会公益目标的非营利性机构，二是以追求投资回报为目标的营利性机构。发达市场经济国家普遍优先支持非营利机构，因为其既能提升整体服务能力、扩大社会参与、促进社会互助，又能有效避免医患之间的利益目标冲突，尽可能地增加人民福祉。即使在医疗服务市场化程度最高的美国，私立医院中非营利机构也占大多数。部分国家如日本、荷兰等甚至禁止开设营利性医疗机构。我国新医改以来的一系列政策文件以及三中全会《决定》在社会办医方面都明确提出，优先支持举办非营利性医疗机构，这是符合医疗卫生事业发展规律的正确选择。

从国际经验看，促进非营利医疗机构健康发展，核心是建立有效的激励和约束机制。一方面，对社会力量出资举办非营利机构，通常都对出资人给予所得税税基抵扣，建设用地无偿划拨、低价提供或由私人捐赠；在非营利医疗机构运营过程中，在税收、服务采购及公私合作等方面也都给予全面优惠和支持。如德国等国家，政府对非营利医疗机构的支持政策和对公立医院的支持政策几乎没有任何区别。另一方面，发达市场经济国家对非营利机构也有非常严格的约束性政策：所有的财务收支都必须向社会公开；可以有运营盈余，但盈余只能用于事业再发展，不得向出资人、管理层及员工分配；资产属性为社会共有，不得随意处置。实施充分激励和严格约束的核心目的就是确保其社会公益目标。

从我国的现实情况看，最大的挑战是激励和约束政策不完善，尤其是资产处置和剩余分配方面的约束性政策不完善。导致的结果是部

分医疗机构登记为非营利机构，享受了国家的相关优惠政策，但在资产处置、剩余分配等方面不受约束或难以约束，以非营利之名，行营利之实，两方面的利益都占。

当前，还有一个特别值得关注的问题就是，一些地方在搞股份制非营利医院。这在国际上没有先例，在法理上也讲不通。股份制的核心是股权，股权的核心是剩余索取权与资产处置权，而非营利机构要控制的恰恰就是剩余索取权和资产处置权，两者天然不相容。

如果上述有关问题不能尽快解决，不仅会影响医药卫生事业健康发展，对其他社会事业领域的社会参与也会形成非常不良的影响。促进非营利医疗机构健康发展的办法并不复杂，就是要认真总结国内外经验，全面建立并不断完善激励和约束政策体系，用制度保障其规范运行。

三、规范营利性机构发展，警惕医疗服务领域的“混合所有制改革”

鉴于我国国情，在优先支持社会力量举办非营利性医疗机构的同时，允许社会资本举办部分营利性机构也是合理的选择。但必须明确的是，虽然都是社会办医，但营利性机构和非营利性机构在目标和定位上完全不同，政府的支持和规范方式也完全不同。在发达市场经济国家，营利性医疗机构就是医疗服务领域的私有企业，在法定经营范围内可以自主选择服务对象和经营方式，可以自主选择独资、股份合作等组织形式，但必须全成本核算、照章纳税、自负盈亏，还必须恪守基本的职业道德底线，接受政府和社会以服务质量为核心的严格监管。目前，有人为营利性医疗机构呼吁更多的政府支持政策。在发展初期或特定情况下，给予适当支持或建立合作关系是可以考虑的，但必须明确的是，从理论上来说，政府对营利性机构并没有法定的扶持义务。

在当前部分社会资本以投资营利为目标办医的过程中，有一种“改革”思路值得高度关注和警惕，就是套用企业领域推进混合所有制改革的思路，在医疗服务领域实施公、私混合，包括对部分公立医院实施混合所有制“改造”，引入民间营利性资本。客观地说，这种“改革”思路问题非常之大。

第一，在企业领域，除少数特殊类型的国有企业外，无论是国有资本还是私人资本，都需要追求投资效益最大化，搞混合所有制改革是没有问题的。但在公共服务领域，公共资产与公共投入资金追求的是社会公益目标，而民间营利性资本追求的是利润，两者天然不相容，怎么能够混合？

第二，“混合”后会出现一系列法律和规制难题。比如，这样的机构在法律上是公法人还是私法人？在组织形式上是企业还是事业单位？在性质上是营利还是非营利？应该采取何种税收与财务管理制度？从国际经验看，在医疗服务领域尚无此类先例。

第三，这种“混合所有制医院”一旦成立，盈利性目标肯定会远远胜过公益性目标，因为如果继续追求公益性目标，社会资本无利可图，就不会“混”，要“混”，就必须有丰厚利润。值得注意的是，近些年来，一些机构已经在暗中搞“混合”，比如与民间资本合股开办“院中院”、搞员工内部集资、持股或管理层持股等，普遍的结果就是进一步强化了“利润”动机，大处方、大检查等过度医疗更甚，内部人控制和国有资产的流失也无法避免。有关经验教训值得认真总结。

四、进一步明确政府办医和社会办医的关系

2009 年颁布的新医改方案明确提出，进一步完善医疗服务体系。坚持非营利性医疗机构为主体、营利性医疗机构为补充，公立医疗机构为主导、非公立医疗机构共同发展的办医原则。同时，也强调要完善区域卫生规划，形成合理的布局体系等等。但是，对于这些已经明确的方向，近来也出现了一些质疑或其他呼声。对有关问题，也需要进一步形成共识。

1. 要进一步明确公立医院的地位和作用

近来，否定公立医院价值，要求通过“国退民进”全面放开医疗服务市场的呼声很高。理由主要有两点：一是公立医院的组织模式存在问题，就是搞不好；二是只要搞了全民医保，就可以把服务市场全面放开。

对于第一点，需要明确的是，我国的公立医院目前确实存在诸多问题，但问题的根源并不是公立医院天然有问题，而是受多方面因素的影响。例如，在一段时期，没有按照公立医院应有的组织管理方式进行规划、投入和监管，没有采取合理的激励与约束机制。绝不能因为我国公立医院发展中出了些偏差，就简单否定公立医疗体系的存在价值。在全球范围内，绝大多数发达市场经济国家和多数发展中国家都是公立医院主导的服务体系。之所以如此，是因为公立医院具有锁定基准价格（或最低价格）的重大价值，是确保政府意志落实和医疗卫生服务公益属性的基础，是实现基本服务均等化、提高服务可及性的重要保障。

认为只要搞了全民医保就可以放开医疗服务市场的观点也有很大

问题。虽然医疗保障系统比个人有更强的选择能力，对医疗服务系统也有更强的控制能力，但如果完全放开服务市场，基于服务领域的高度信息不对称，加上利益目标冲突，医疗保障系统的监管能力仍不足以确保服务系统行为的合理性。同时，全面放开、充分竞争的服务系统，出于利益最大化目标，一定会提供选择性服务，更多提供高端服务，忽视公共卫生和基本医疗服务，降低整体的卫生投入效率。在全球范围内，服务领域竞争水平越高医疗费用就越高是不争的事实。这也是为什么诸如德国、法国等早已实现医保全覆盖的国家仍然保持强大的公立医院体系的主要原因。

从我国现实的情况看，虽然基本实现了医保全覆盖，但因筹资水平低，医保所购买的只是部分服务，对服务系统的监督和控制力仍非常薄弱。在这种情况下，如果全面放开市场，服务系统的行为几乎是不可控制的。加上我国地域辽阔、发展不平衡，指望布局合理、确保服务可及性与便捷性也是不可能的。因此，保持一个稳定且规模足以发挥主导作用的公立医院体系，是确保医疗卫生事业健康发展的基石。至于如何推进公立医院改革，使其更好发挥应有作用，是另外一个层面的问题。

2. 进一步理顺公立医院和社会办医的关系

近来，让公立医院与民营医院平等竞争的呼声很高。从国际经验看，公立医院和非营利医院因政府支持和约束政策大致相当，部分国家甚至没有区别，在包括患者选择、医保支付等各个方面都可以采取平等政策。但营利性医院与公立医院、非营利医院之间，不仅目标不同，资产属性、税收和财务制度、成本核算及定价、付费方式等也根本不同，这就决定了根本不可能平等竞争。其关系只能是错位经营、相互补充的关系：公立医院、非营利医院面向大众，主要提供基本服务；营利性机构则更多面向特定人群，提供高端与个性化服务。如果要讲平等，就是在行医资质、服务质量标准等方面实施严格的一致性要求。至于建立更加完善的社会保障等制度体系，促进人才的有序合理流动等是另外层面的问题。如果不区分营利和非营利属性，笼统地提倡平等竞争，必定会带来混乱和误导。

还有一点需要强调的是，无论是公立医院还是非营利医院、营利性医院，都是医疗服务体系的组成部分，包括布局、规模、资质条件、设备配备和服务行为等都必须纳入统一的区域卫生规划体系和质量监管体系。这是医疗卫生事业健康发展的基础，也是发达市场经济国家的普遍做法。目前，一些地方为了“鼓励社会办医”，采取了过于宽松的政策，对这种现象及可能产生的负面后果，必须予以高度警惕。该控制的必须从严控制，存在明显偏差的做法要及时制止。

执笔人：葛延风　喻　东

专题二

关于全面实施免费基本生育服务的建议

免费基本生育服务是国际公认成本效益最高的卫生服务项目之一。要进一步降低我国孕产妇死亡率和婴儿死亡率，减少出生缺陷及其他相关疾病发生率，最有效的政策选择就是全面提供免费的全过程基本生育服务。其政治与社会意义和对医改的推动意义非常突出，而且在服务能力和经济上也都是可行的，在整合使用已有资金的基础上，新增投入并不大。建议整合服务资源，明确责任主体，实行按人头付费方式，同时严格质量控制。

安全可及的基本生育服务是成本效益最高的卫生服务项目之一。其不仅可以大幅度降低孕产妇死亡率及婴儿死亡率，全面提升国民预期寿命，而且通过早期预防、筛查等，还可大幅度降低各种出生缺陷及相关疾病发生率，降低疾病负担，提升国民整体健康水平。相比其他医疗卫生服务，基本生育服务技术已经非常成熟，成本也非常低廉。有鉴于此，我们建议：通过制度改革和资源整合，尽快把包括孕前检查、孕期保健、住院分娩、新生儿计划免疫与疾病筛查、产后服务等在内的全过程生育服务作为基本公共品免费向全民提供。

一、我国生育服务成绩巨大，但仍存在一些值得关注的问题

鉴于生育服务和妇幼保健的重要意义，党中央、国务院历来高度重视相关工作。随经济社会发展水平的不断提高，相关各个领域的能力不断提升，服务网络全面普及。改革开放以来特别是新一轮医改启动以来，通过职工医保、新农合、城镇居民医保、生育保险以及农村孕产妇住院分娩补助等形式，大幅度分担了居民的相关费用负担，规范化服务尤其是住院分娩的利用率全面提升。此外，在公共卫生领域又全面推广出生缺陷三级预防措施，开展了艾滋病、先天梅毒和乙肝等母婴传播性疾病的综合防治，以及农村计划怀孕夫妇免费孕前检查、增补叶酸等重大项目。这些措施带来的成效非常巨大，孕产妇死亡率从建国初期的1500/10万下降到2011年的26.1/10万，婴儿死亡率从200‰下降为12.1‰，基本实现了联合国千年发展目标的要求，出生缺陷及相关母婴传播疾病的发生率也大幅度下降。

虽然成就巨大，但受多方面因素影响，在生育服务和母婴健康保护方面仍然存在一些值得关注的问题。

一是服务的公平性和标准化程度不高。受医保制度不统一等影响，不同群体以及城乡、区域之间在报销目录和报销标准上存在较大差距。城乡之间和区域之间的服务能力及水平也存在较大差距。尽管新增了很多针对农村和贫困地区人口的免费服务项目，但针对流动人口、低教育和低收入人口，以及计划外怀孕人口等高风险人群的服务可及性还明显不足。同时，很多干预项目以补缺型为主，由地方主导，筹资和项目管理分散，资金综合利用效率不高。

二是受筹资和费用分担水平等因素限制，仍有相当一部分人难以

得到包括孕前检查、孕期保健、住院分娩、新生儿计划免疫与疾病筛查、产后服务等在内的全过程系统服务。从整体情况看，城镇人口全过程生育服务得到了较好普及，但在农村，除住院分娩得到了较好推广外，孕前检查、孕期保健、新生儿疾病筛查和产后服务普及率仍较低，保健指导比较薄弱。部分农村地区妇女生育尚未全面实现住院分娩，缺乏足够的经济能力仍是主要影响因素之一。

三是受医疗服务系统改革滞后、公共投入不足和激励机制扭曲等多种因素影响，生育服务领域的过度服务问题也较为突出。目前，我国产妇剖宫产率高达45%以上，个别地区甚至接近60%，远超世卫组织推荐的15%的上限。此外，过度检查、过度用药等也较为普遍。这不仅加重了相关家庭的经济负担，对孕产妇和婴幼儿健康也有严重不利影响。

上述有关问题的存在，既影响到生育服务的公平可及，也不利于妇幼健康乃至全民健康水平的进一步提高。比如，目前我国新生儿先天性缺陷、小儿唐氏综合征、先天性心脏病乃至部分母婴传播疾病的发病数量仍然较高，带来的相关疾病及其经济负担很大。因此，非常有必要进行系统化体制改革与制度建设。

二、建议尽快实施面向全民的免费全过程生育服务

国内外经验充分证明，要进一步降低孕产妇死亡率和婴儿死亡率，减少出生缺陷及其他相关疾病发生率，核心是确保全过程生育服务的可获得。要实现这一目标，最有效的政策选择就是提供免费的全过程基本生育服务。对此，我们的建议如下。

1. 明确服务属性

总结国内外经验，并根据生育服务特点，确定从孕前检查、孕期

保健、住院分娩、新生儿计划免疫与疾病筛查、产后服务等在内的标准化服务内容、服务路径，并明确规定提供有关服务为国家责任，享受有关服务为公民权利。同时，根据人口流动需要，打破户籍界限，依托常住地服务机构向所有有需求的育龄妇女提供有关服务。

2. 整合服务资源

鉴于生育服务的特点，应主要依托县级医疗机构以及城市中的区级医疗机构（包括县区医院、县区中医院、县区妇幼保健院等）作为服务提供的责任主体，由其作为总承包人单位，并鼓励其与乡镇卫生院（社区卫生服务机构）和大医院建立服务联合体。常规检查、一般性产后服务等委托基层机构承担，由县区级医疗机构进行信息和技术指导；住院分娩等对安全性要求较高的服务以县区级医疗机构为主；疑难问题以合同转诊方式送大医院解决。不同县级服务机构之间可以采取联合承包、分片包干等不同分工合作方式。

3. 改革付费方式

按照辖区内常住人口孕产妇数量，以确保服务质量为基础测算出平均服务费用，按人头承包方式打包给县区级医疗机构，结余留用，超支自我承担和消化。核心是鼓励医疗机构提供适宜服务，减少不必要的检查、治疗，稳步降低剖宫产率。在规定的生育服务流程内，医疗服务机构按需要免费提供所有药品和检查、治疗服务，不得提供个人付费诊疗项目和药品。可以有条件地对部分有需要的人群提供非医疗的拓展服务，如差别化病房等，但须对增值服务内容、比例和收入实施严格管理。作为服务责任主体的县区级医疗机构利用基层机构和大医院服务，费用均从总承包费用中列支。

4. 严格质量控制

为防止总承包人单位及其服务联合体可能出现的服务不足、诊疗不及时等问题，应确定标准化的服务路径、信息流程并严格考核事故率。同步建立质量考核与评估体系，严格对各种责任事故的追究问责，对责任事故建立包括行政处罚、经济赔偿、取消服务资质直至追究当事人刑事责任的服务质量监管和保障体系。

5. 稳步引入竞争

有条件的地方可以逐步引入竞争机制，鼓励符合资质的不同机构，包括民营医院，在确保服务质量的前提下以竞价方式参与服务。探索推进个人自主选择法定服务主体的方式方法。

6. 高端和个性化服务靠市场提供

服务对象以居住地为基础，采取与总承包人单位及其服务联合体签约模式。自行直接选择高端机构服务视为弃权，费用自理。

7. 完善管理体制，整合资金投入

考虑到管理能力、服务特点等，应由国家确定服务内容和质量标准，县、市级政府为组织实施服务的法定责任主体，强化省、市级政府监管与考核职责，同时建立并逐步完善第三方评估机制。

在资金方面，设立专项生育服务基金，实施全国统筹，或省级统筹、国家调剂。资金来源方面，可整合现有相关妇幼保健服务投入、三项医保相关支出、生育保险中医疗服务支出（生育津贴可继续保持参保者原有待遇）以及相关重大公共卫生专项支出，不足部分主要以增加财政投入的方式解决。而具体的资金筹集、管理和支付方式以及中央和地方关系等可进一步研究确定。

8. 先行试点

鉴于这一问题涉及多方面的体制改革，可选择若干地区先行试点。在试点基础上完善方案，尽快在全国范围内推广。

三、提供全民免费基本生育服务的意义和可行性

（一）提供全民免费生育服务意义重大

向全民提供全过程免费生育服务，不仅可以进一步降低孕产妇死亡率和婴儿死亡率及各种相关疾病发生率，提高出生人口素质和国民整体健康水平，不仅能够将我国妇幼保健事业推向世界前沿水平，而且很有可能成为用中国式办法破解医改难题的良好范式，其政治与社会意义和对医改的推动意义也非常突出。

近年来，党中央、国务院高度重视改善民生。生育问题是最重要的民生问题之一，提供全过程免费生育服务，能够让几乎每一个家庭都进一步享受到改革发展与社会进步的成果，可以更好保护国民生命权和健康权，促进社会平等，增进国家认同，是实现“中国梦”的具体体现。此外，实施这一制度还有成效快、福利改善立竿见影的特点。

提供全过程免费生育服务对深化医改也有重大意义。以县区级医疗机构为龙头，推进基层机构和大医院参与，对于将要全面实施的县级公立医院综合改革，对于进一步强化基层服务体系能力建设，对于推进合理分级诊疗，对于强化公共卫生和医疗服务的结合，对于打击相关领域非法行医等都有着非常重要的意义。另外，以人头承包方式付费，是服务模式、支付方式以及激励和约束机制的创新和流程再造，如能加快顺利推进，会对医药卫生很多领域的改革产生非常积极的示范效应。

此外，在实施全过程免费生育服务的过程中，可以同步构建并完善计划生育、医疗服务以及人口管理的信息系统，实现信息互联互通，这对于提升社会治理水平也能够发挥重要的基础性作用。

（二）在服务和经济能力方面都是没有问题的

在服务能力方面，经过多年（尤其是近年来）的发展，我国各级医疗卫生机构以及计划生育和妇幼保健机构都有了长足发展。从总体上，以县区级医疗机构为龙头，整合基层体系和其他相关机构，并通过大医院的关键技术和服务支撑，提供系统化服务，在技术、能力等各方面总体上都是没有问题的。部分偏远地区能力稍差，通过进一步增加投入、强化培训、加大信息化和远程服务，能力不足问题也是不难解决的。

在经济能力方面，我国目前每年新出生人口约1600万。从目前了解到的情况看，大城市顺产及孕期检查费用约人均5000元左右，中小城市及县级医疗机构人均2000～2500元左右；剖宫产大城市人均7000～8000元左右，中小城市及县级医疗机构人均4000～5000元左右。考虑到过高的剖宫产率和各种过度治疗，经过与多方面人士的模拟估算，如采取按人头承包方式，实施合理诊疗，整体费用降低20%～30%左右是没有问题的。再考虑到孕前检查、新生儿计划免疫与疾病筛查及产后服务，大致估计，全国范围内全过程生育服务所需成本控制在人均4000元以内是没有问题的。将剖宫产率及不必要的服务减下来以后，甚至有可能控制在3500元左右[①]。当然，不同地区成本会有一定差异，可以分区域设定差别化支付标准。

以1600万出生人口，按人均3500元为低限、4000元为高限计算，全国每年所需总费用为560亿～640亿元。除正常生育外，每年还会

---

① 从近年来农村孕产妇住院分娩补助项目实施经验看，人均3500元、人均4000元这两档标准是站得住脚的。根据中央部署，各地普遍对包括基本护理、常规检查、接产服务、基本用药在内的农村孕产妇住院分娩服务实施了限价，中西部县级医疗机构顺产限价在1000～1500元左右，剖宫产限价2000～2500元左右，东部县级医疗机构大致上浮500元左右。城市中的区级医院有的和县级医疗机构同一限价标准，有的比县级医疗机构大致上浮200～500元不等。虽然政府限价通常就低不就高，且各地硬件达标程度有所不同，但综合考虑这些因素，从全国来看，人均3500元的标准应该可行，4000元的标准相对宽松。

有一定数量的以流产为主的意外服务费用，粗略估计，意外费用不到正常生育总费用的10%，以10%计算，合计的总费用在620亿~700亿元之间。2013年，我国财政总收入为12.9万亿元，即使全部由财政投入承担，也仅占财政总收入的4.8‰到5.4‰。目前，三项医保及生育保险在生育服务领域的支出不低于300亿元，近年来面向农村妇女的住院分娩补贴、免费孕前检查、增补叶酸以及其他相关公共卫生专项、地方试点投入等支出合计也不低于100亿元。因此，真正需要新增的投入大致只有200亿~300亿元，相当于2013年财政总收入的1.5‰到2.3‰。

对于需要新增的费用，一方面可以考虑全部由财政承担，中央和地方合理分担；另一方面可部分由财政承担、部分通过医保基金支付结构调整分担。2013年，我国三项医保合计总收入为1.1万亿元左右，当年基金结余1500亿元左右，累计基金结余9500亿元左右，通过结构调整适度分担一部分也是没有问题的。但考虑到医保资金支出结构具有一定刚性，且目前基金结余中相当一部分属于个人账户资金，调整使用的难度也较大，以财政直接全额补贴更为合适。

需要强调的是，推行全民免费基本生育服务不仅所需新增投入有限，潜在的经济效益还很大。一方面，可以大大降低各种出生缺陷带来的经济与社会负担[①]，促进国民健康素质的整体提升；另一方面，居民（特别是中低收入居民）相关支出的减少必然会转化为其他消费，有利于促进内需的提升。简而言之，在经济上也是非常值得的。

执笔人：葛延风　张冰子　喻　东

① 根据调查，我国残疾人口中，先天性致残者约814万，约占残疾人总数的9.6%，健康损失和相关经济负担巨大；每年新出生唐氏综合征患儿生命周期的总经济负担超过100亿元，新发先天性心脏病患儿生命周期的总经济负担超过126亿元。其他如乙肝、丙肝、艾滋病等疾病的经济负担也有相当规模。

专题三

以乙肝药物免费提供为切入点，同步推进乙肝防治和基本药物制度的完善

重大疾病防控历来是我国医疗卫生事业的一个重点，但受多方面复杂因素影响，部分严重影响国民健康并带来巨大经济和社会负担的疾病防控形势仍非常严峻。比较可行的改革思路是先从特定重大疾病入手，通过防治模式改革，率先实现防控突破。建议近期以完善乙肝防控作为切入点，通过政府主导与相关药品生产企业谈判，按照以量换价方式大幅度降低乙肝优选药物的采购成本，并以（基本）免费方式提供，同步推进基本药物制度完善，并为其他重大疾病防治工作积累经验。

经过长期不懈的努力，我国在重大疾病防控方面取得了举世瞩目的成效。但受多方面复杂因素影响，部分严重影响国民健康并带来巨大经济和社会负担的疾病防控形势仍非常严峻。鉴于重大疾病防控的复杂性，比较可行的思路是，先从特定重大疾病入手，通过防治模式改革，率先实现防控突破。经初步研究，我们建议近期以（基本）免费提供乙肝治疗药物作为切入点，推进乙肝防控工作和基本药物制度完善，并为其他重大疾病防治工作积累经验。

一、我国乙肝防控面临的形势和主要障碍

（一）我国乙肝防控已取得显著成效，但仍面临巨大压力

我国是乙肝大国，乙肝带来的经济和社会负担沉重。针对这一问题，国家采取了非常积极的防控措施。从1992年起，我国开始有计划地为新生儿接种乙肝疫苗，并不断扩大免费接种范围。2009年，又将全国15岁以下人群实施乙肝疫苗补种列为国家医改重大公共卫生项目，同时还大范围推广了母婴阻断措施。这些措施成效巨大，5岁以下儿童乙肝病毒感染率从1990年前后的近10%降至目前的1%以下。2013年，世界卫生组织发表的《世卫组织会员国预防和控制病毒性肝炎全球政策报告》对中国的成就给予了高度评价。

值得关注的是，虽然通过疫苗预防接种使得新增感染得到了有效控制，但既有感染者存量依旧巨大。按国家疾控部门统计测算，我国现有乙肝病毒感染者大数9000万人，占全球1/3，是26种乙类传染病中影响面最大的疾病。其中3000万人是需要定期检查和长期治疗的慢性乙肝患者，6000万人是不需要治疗但需要定期检查的非活动性乙肝病毒携带者。

从存量病毒感染者的防治情况看，6000万非活动性乙肝病毒携带者定期检查率还不高；3000万慢性乙肝患者中，只有400万～500万接受过抗病毒治疗，且其中仅1/3选择了高效、低耐药药物。如这种局面长期持续，对国民健康的整体损害严重，并且相关经济和社会负担会非常沉重。有关医学研究结果显示，由于缺乏定期检查和有效治疗，慢性乙肝患者中将有25%～40%转化为肝硬化或原发性肝癌并最终导致死亡。

（二）乙肝治疗路径简单明确，效果良好

经过世界各国和业界的不断探索，目前，对于慢性乙肝已经有了比较简单明确的规范治疗方案和成熟的药品。在综合考虑治疗效果、耐药性以及成本效益后，世卫组织建议向各国推荐的治疗方案是让慢性乙肝患者长期口服替诺福韦酯或恩替卡韦，并号召会员国尽可能向有需要的人提供负担得起的优选药。这两种药均是高效、低耐药药物，且在耐药性上有互补功效，也就是说，对替诺福韦酯出现耐药，用恩替卡韦替换就没问题，反之亦然。只要患者坚持服用，就能有效控制体内病毒载量，减少对肝脏的损害，肝硬化乃至原发性肝癌的发生率至少能降低一半以上①，从而大幅度提高生命周期的健康水平，患者后期治疗的经济负担也大为减轻。

（三）当前我国规范治疗参与率低下的主要原因是有关药物的可获得性低

从我国现实的情况看，导致规范治疗参与率低下的核心影响因素是药品价格高，大多数患者无力支付。上述两种优选药中，替诺福韦酯仍属外企专利药品，恩替卡韦虽然已经过了专利期，国内也开始有仿制药，但价格仍很昂贵，一年的治疗费用分别为 1.6 万元和 1 万元左右。由于价格原因，替诺福韦酯尚未纳入医保报销目录，恩替卡韦虽已纳入到了职工医保目录和部分地区新农合及居民医保目录（均为乙类药品），但受医保报销起付线、封顶线等影响，如长期服用，个人负担依然非常重，尤其是对于农村居民和城市中低收入居民。多数乙肝慢性患者或无法得到药物治疗，或只能使用治疗效果不佳、耐药

① 这方面的一个典型案例是，我国台湾地区实施乙肝优选药治疗后，肝癌发病率已经出现了拐点。

性高的替代性药物甚至基本没有作用的各类“保肝药”“护肝药”，难以获得有效治疗甚至丧失治疗机会。

上述状况的实质是费用分担机制不合理导致的“用量少、价格高”的恶性循环。多数人用不起药导致药品用量低，对企业来讲，为了保持利润，必须以高价销售，再加上营销成本、药品加成等因素，使得价格更高。高价使多数人用不起药，价格也难以降低，进而造成企业长期利益和患者健康都受损的“双输”结果。

综合上述分析，虽然我国乙肝病患人数众多，但解决问题的出路并不复杂，就是通过有效的政策设计，大幅度降低相关优选药品的价格，确保乙肝患者相关药品的可获得。

二、基本政策建议：建立政府主导的价格谈判与费用分担机制，实现乙肝抗病毒药物的普遍可获得

（一）建立政府主导的价格谈判机制，“以量换价”

如前所述，多数人难以获得优选药品，核心是用量少、价格高。从国际经验看，解决此类问题的基本方式是政府主导与相关药品生产企业谈判，以明确的货源和用量承诺，在保障生产企业合理利润水平的同时，通过采购量的大幅度增加，让企业大幅度降低药品价格，实现企业和患者的利益共赢。

一方面，以量换价的空间非常大。仅从企业销售收入情况看，目前全国使用优选药的人数大约在 150 万人左右，有关费用按每人每年 1.5 万元计算，总的市场份额约 225 亿元。如果 3000 万慢性乙肝患者全部都能使用，药价降至目前的 10%，市场份额仍能高达 450 亿元。即使一半人使用，市场份额也能达到 225 亿元。同时，通过货源和用

量承诺，企业营销成本等还会大幅度降低，所增加的生产成本则非常有限，整体利润空间仍会比现在高，有关领域已实施的政府谈判结果也充分证明了这一点。比如，替诺福韦酯是国际公认既可用于乙肝也可用于艾滋病的抗病毒药物，目前在我国用于治疗乙肝的价格是每人每月1470元；通过政府谈判，按照公共卫生项目购买，用于治疗艾滋病的价格仅为每人每月113元，两者相差12倍之多，足见可降价空间之大。

另一方面，主要利益相关方也都有类似意愿。据了解，为了摆脱“量少价高”的恶性循环，部分药企非常愿意采取这一方式，以获得稳定发展空间；世界卫生组织以及国际肝病学会、国际肝炎联盟等非政府组织都在这方面进行过不少研究、尝试和努力，并愿意在技术性问题方面对包括中国在内的发展中国家提供帮助。此外，为达成这一目标，政府还有强行仿制①、开展进口替代科研项目等备选手段以增加谈判砝码。在这方面，巴西、泰国及我国台湾地区等都有过很成功的经验。

（二）在“以量换价”大幅度降低价格的基础上，通过政府补贴，以基本免费方式向所有患者提供

即使有关药品价格降至目前的10%，如果费用仍由个人负担，个人年药品支出仍需1500元以上，对于相当多中低收入居民来讲，负担仍比较沉重。部分患者有可能因费用问题放弃治疗，影响整体防控效

① 强行仿制通常出于人道主义理由，仿制对象主要是重大疾病的特效药，有多种实施方式：拒绝专利所有方提出的国内专利申请，国内药企可以不受限地仿制；或是国家直接组织强行仿制；或是由非营利公益组织提出专利无效诉讼成功后，由国内药企或国家不受限地仿制。当然，强行仿制可能会带来一系列贸易纠纷，甚至会影响国际关系，有关政策的实施需要特别慎重。

果。有鉴于此，应考虑将有关药物以基本免费方式向所有有需求的患者提供。此类药物基本不存在患者滥用问题，可由政府统一采购并敞开供应，按照采购成本的1/4至1/5甚至更低的价格由患者少量付费，核心目的是防止浪费。根据计算，如果药价能降到目前的10%，个人支付部分仅折合每天1元钱。对特殊贫困群体，需要个人支付的少量费用可予以减免。

（三）建立并逐步完善制度体系

1. 确定明确的乙肝治疗路径，选择优质、适宜药品

国际上包括国内的肝病防治系统对于肝病防治路径、药品遴选和使用等已经形成了良好的知识和经验积累。建议以此为基础，动员国内外相关力量，结合我国实际，形成更加明确和清晰的治疗路径，以效用为主要依据选择药品品种，建立严格的药品质量标准。

2. 选定药品品种后，启动政府主导的招标和采购机制

对于过了专利期的药品，以货源承诺和量价挂钩为基础，实施全球范围内的公开招标。鼓励有资质的企业以独家或联合方式参与竞标，在突出和确保产品质量的前提下，选择质优价廉的企业作为供货商，以促进我国制药产业整合，提高产业集中度。为鼓励竞争和创新，同一种产品可选择两家或以上供货商，实施市场配额管理，并确定明确的采购周期。一个周期结束之际，依据对有关产品质量和药物经济学评价基础、需求状况变化和供给状况变化（比如新产品的出现）等实施新一轮采购。

对于专利药品，以货源承诺和量价挂钩为基础，实施与生产厂家的直接谈判机制。

在仓储、配送方面，充分利用市场机制。鼓励有资质的大型商业

物流企业以独家或联合方式参与相关药品的仓储和配送。对配送主体选择采取竞价方式，建立严格的服务质量考核标准，形成优胜劣汰机制。

3. 建立强有力的采购主体机构

有关药品采购建议确定为国家层面的制度。可由国家发改委、财政部、卫生计生委、药监局等部门共同组建专项工作组，建立明确的谈判与采购流程。同时，建立专家体系，对药品遴选和质量价格等进行系统监测。除国内专家队伍外，加强与世界卫生组织以及国际肝病防控组织的合作。强化对谈判和采购过程的监督管理与问责制度。

4. 在使用环节及付费方式上特事特办，与现有医保报销政策脱钩

鉴于目前各地职工医保、新农合与居民医保均设有起付线、封顶线，且标准不一，为了确保公众特别是中低收入乙肝患者群体用药的可及性，建议有关药物的使用、付费等与医保脱钩。即不论居民身处何地，都能按照政府统一采购并大比例分担成本后的统一价格获得药物。经济困难群体的减免办法可另行研究确定。

除政府统一采购的相对固定的抗病毒药品外，为鼓励企业创新并满足个性化需求，在严格质量控制的前提下，应继续允许其他新型药品上市。能否纳入医保目录以及具体报销比例，可结合医保支付能力、政府对上述基本免费药品的补贴水平等研究确定。

对于目前市场上仍然较多使用的一些质量不高、无效低效的药品，应强制淘汰。

5. 强化基层服务能力建设及配套服务

在完善治疗路径的基础上，加强对各级尤其是基层医疗机构医务人员的相关培训，强化对慢性乙肝患者的用药指导和效果监测。同时，进一步完善乙肝疫苗的免费预防接种，并通过强化基层体系能力建设及医保制度的进一步完善，加强对非活动性乙肝病毒携带者以及其他高危人群的肝功能监测。

三、推进乙肝药物基本免费提供意义重大，成本却很有限

1. 对于改善民生、探索并逐步推广重大疾病防控模式改革意义重大

全面向慢性乙肝患者提供基本免费药物，不仅有利于减少既有的乙肝感染人群的健康损失，为9000万国民减去身体上、精神上、经济上的后顾之忧，也有利于增进我国在国际上的声望，摘掉“乙肝大国”的帽子。同时，基于这一领域的改革探索，未来可以把一些好的经验纳入到高血压、糖尿病、肺结核等其他重大疾病防控之中，成熟一项推广一项，全面完善重大疾病防控政策体系。这既利国利民，也是用中国式办法破解医改难题的重要举措。

2. 有利于同步推进基本药物制度建设和完善

新一轮医改启动以来，我国全面建立了基本药物制度，确定并扩大了基本药物目录，在基层公立医疗机构全面实施“零差率”销售。这一政策的实施大大降低了居民在基层的用药负担。但客观地说，我国的基本药物制度还不完善。多数国家的基本药物都是政府采购，以基本免费方式向公众提供，而我国只是“零差率”销售，公共品属性不强。此外，在药品遴选、质量控制、招标采购和配送方式等诸多方面都有亟待完善之处。以乙肝抗病毒药品政府统一谈判采购、基本免费提供为切入点，以强化基本药物的公共品属性为核心，可以为未来基本药物制度的全面改革乃至非基本药物的采购、供给及质量控制等探索经验。

3. 实施推进乙肝药物基本免费提供的成本非常有限

如前分析，如优选药能降到目前价格的10%，且3000万慢性乙肝患者都服用，全国患者的药物费用为450亿元。这总体上是一个最高费用估算。一方面，通过对企业利益的保障和交易成本的大幅度降低，成交价格可能会更低。另一方面，乙肝病毒感染者的治疗参与率有一个逐步增长的过程，用药人数不可能一步到位，而是动态增长；同时，在有效控制了新发病患后，乙肝病毒感染者数量还会持续下降，治疗总费用也会不断下降。

粗略估计，每年所需要的总费用最多不会超过400亿元。按照个人分担1/4~1/5计算，所需要的公共投入最高为300亿~320亿元。这笔费用可以由医保资金和财政新增投入共同分担，因为三项医保事实上都在支付这一领域的药品费用。也可考虑通过政府财政全额负担，其好处一方面是操作简便，另一方面也意味着医疗保险在其他领域支付能力的提升。即使一步到位、全部由财政承担，相对于2013年12.9万亿元的财政收入，压力也非常有限。

从收益看，除了其巨大的政治和社会意义外，仅从经济上考虑，实施推进乙肝药物基本免费提供也是值得的：不仅可以大幅度减少肝硬化、肝癌发病率及相关治疗费用，也能够大幅度减少劳动力损失，还能够提升相关群体其他领域的消费能力。

鉴于这一政策涉及多方面的体制改革，建议在进一步研究的基础上先行试点，通过试点完善方案，尽快在全国范围内实施。

执笔人：葛延风　贾继东[①]　喻　东　张佳慧

---

① 北京友谊医院教授、国际肝病学会候任主席。

专题四

利用信息化手段，提升基层医疗体系能力

基层医疗体系的总体利用率不高，是我国三级医疗服务体系的突出问题，其中一个重要的原因是基层医疗体系能力还很不足，患者对其缺乏信心。通过信息化手段推动基层诊疗标准化、网络化，优化医疗资源配置，是提升基层医疗体系能力的一个重要“抓手”和突破口。

我国医疗改革确定了“保基本、强基层、建机制”的总体方向，目前基层医疗体系建设已初见成效，但总体上利用率还不高。问题主要出在两个方面：一是医疗保障制度还不健全，没有发挥好“指挥棒”作用；二是基层医疗体系能力还有很大不足。本专题主要关注如何提升基层医疗体系能力，在这方面，信息化是一个很好的“抓手”和突破口。

一、“看病难”“看病贵”的问题中，也有基层医疗体系能不能“看病准”的问题

基层医疗体系利用率不高，问题根源出在医疗资源分布不均衡，

社区医疗机构全科诊疗能力严重不足，患者不相信社区医疗机构能把病“看准”。这就导致大医院特别是三甲医院人满为患，社区医疗机构和部分二级医院却“吃不饱”的无序状态，患者的医疗、交通、食宿支出以及时间成本都大大增加，对看病难、看病贵问题起到了推波助澜的作用。

社区医疗机构主要存在两方面能力不足。

一是检查和诊断能力严重不足，本级全科诊疗落不到实处。从检查能力看，除一线城市部分社区医疗机构外，受人员技能、设备、场所面积等影响，全国大部分社区医疗机构还不具备血常规、尿常规、心电图等全科诊疗所需的检查能力；从诊断能力看，由于全科医生培养长期滞后，社区医疗机构的收入水平、地位、名誉等都不高，吸引不到优质医生，就连聘请退休的二级医院医生“发挥余热”都很难，导致社区医疗机构普遍缺乏全科诊断能力。

二是受此影响，利益分配机制不健全，以社区医疗机构为源头的分诊体系也很难落到实处。由于缺乏全科诊疗能力，吸引到的患者有限，诊断出来适合分诊的患者数量就更加有限，无法形成规模效应，这就使社区医疗机构难以与二、三级医院达成分诊合作协议，即使达成协议也掌握不了定价权，利益导向上动力不足。近年来开展较好的分诊模式，如华西医院开展的远程诊疗，都是大医院占据主导地位向下“伸腿”，社区医疗机构本身在分诊体系中并没有发挥举足轻重的作用，对自身能力提升不大。

二、一些地方在通过信息化推动基层诊疗方面的改革探索值得重视

一是通过标准化的病例信息采集利用，推动基层医疗卫生服务的

标准化。上海闵行区2006年开始为居民建立电子健康档案，记录全区居民从出生到死亡的生命指标、疾病史、免疫接种史、体检情况、保健管理等信息，细致到把每一片药的流向都记录下来，如果有一片假药，都能找到源头。以居民电子健康档案为基础，闵行区推动了两项改革：一是改造社区卫生流程，进行全程健康管理，使慢性病的社区发现率大幅度提高；二是建立考核社区医务人员绩效卡，通过对居民电子健康档案信息的综合分析来考核医务人员绩效。

二是通过网络化的协同诊疗，提高基层医疗卫生服务的全科诊疗能力，形成以社区医疗机构为源头的分诊网络。成都社区连锁医疗2012年开始试点，现已开设8个社区连锁诊所，共有14名具有不同专科背景的医生轮岗，开设专科数量已达到二级医院的一半左右。每个诊所都有生化分析仪、心电图机等检查设备，利用即时通讯、即时医学影像传输软件将患者电子病例、体检数字信息等联网，还可远程视频问诊。这样，患者在任何一家社区诊所都可获得来自十多个专科分工协作的协同会诊、经过全科筛查的转诊以及来自更高层级医院的远程医疗。这就意味着，在目前全科医生严重短缺的情况下，网络化的协同诊疗使社区医生形成“一专多能”的全科诊疗能力，社区连锁诊所形成了二级医院水平的专科诊疗能力，让医生、医学知识技能、医疗信息在分诊网络中充分流动，在社区层面能有效解决“看病准”的问题，让患者对社区医疗更有信心。

三、利用信息化手段提升基层医疗体系能力的政策建议

总结国际经验和地方试点经验，整合基层医疗资源、提升医疗服务能力的一个重要突破口是，利用信息化手段把人和知识调动起来，

把“站桩式”的单个机构横向整合成分工协作的网络，并以基层医疗为源头加强纵向整合、推动不同层级医疗机构合作，形成在社区就能对病情分级并有效配置资源的疾病管理模式，从而提升服务质量和监管水平，有利于解决看病难、看病贵的问题。

一是利用即时通讯、即时医学影像传输等信息化手段，加强点与点之间的分工协作，把“点”上的专科诊疗能力汇集起来形成更高水平的全科诊疗能力，推动社区医疗实现从点到面的更好覆盖。

二是利用信息化手段以及合理支付社区医疗机构分诊服务费用的利益分配机制，加强三级医疗机构之间的分诊合作，实现远程医疗服务在社区落地。这也有利于减少重复检查和排队等待时间，提升患者的服务体验。

三是利用信息化手段实现社区医疗服务多元化、人性化，推动“站桩”“坐堂”的社区医生向多种方式上门服务的家庭医生转变，更好应对人口快速老龄化带来的挑战。比如，开发适用于手机、平板电脑、个人电脑等的客户端医疗服务软件，居民特别是老人也能够随时在线咨询社区医生，对慢性病日常监测管理将会有很大促进作用。

四是发挥政府在信息化平台建设中的主体作用，规范和提升基层医疗机构特别是私人诊所、民营医院的服务质量。①应发挥政府在信息化基础设施建设中的主体作用，通过“信息高速公路”的规模优势，提供免费信息接入，形成医疗卫生信息互联互通的信息平台，既能有效降低信息费用，也能加强医疗信息保密。②可考虑将医保和信息化平台整合一体，按照接受监管才能纳入医保定点的原则，把各级医疗机构都纳入信息化平台，建立统一、实时的医疗监管体制。这样做的一个额外好处是，不需要太多强制手段，成本也并不高，就能对当前服务质量和规范问题相对较大的私人诊所、民营医院实施有效监管。

五是促进大数据分析技术的应用，为未来以大数据为基础的健康管理做好准备。要发挥医保在监管中的主动性，利用大数据开展疾病模式分析预测和诊疗模式评估，优化医疗资源配置，形成有效控制医疗总费用的机制。

四、只有正确认识信息化手段的作用，才能更好推动“强基层”

一是要防止过度夸大信息化作用，应抓住信息标准化这个关键，因地制宜、成本合理地推动信息化。应该看到，信息化手段从来就不是一剂“万灵药”，只是解决“基层不强”问题的一个“抓手”和突破口，使更科学、更合理的疾病管理模式有可能实现。从目前城市、乡镇以及部分农村医疗卫生机构的设备、软件和网络条件等情况看，在不需要太多额外投入的前提下①，完全可以实现信息化。关键在于医疗信息本身的标准化程度还不高，阻碍了信息互联互通，要因地制宜、细打算盘，立足于用好现有信息化设备，把信息标准化和信息共享落到实处，而不是又去购置一大批设备做摆设。

二是要明确体制机制改革才是根本解决之道。要真正实现“强基层”，还需要在建立健全激励和约束机制、加大医疗保障制度改革力

---

① 目前城镇和部分农村社区医疗机构已普遍配置有接入互联网的计算机。实地调研中了解到，考虑到设备利用率，服务人口规模小的社区诊所还不适合添置全套检查设备，不同诊所可根据专科特点、人员能力、社区人口结构等适当调整设备种类和等级；在规模采购的情况下，一个社区诊所所需的生化分析仪、血细胞分析仪、尿液分析仪、心电图机等设备总采购费能控制在10万元以内；更重要的是要抓好培训，让诊所医务人员能正确使用设备和研读检查结果，否则上了设备也是摆设。

度等方面多做文章。同时，也要重视发挥大医院在科研、教学中的领军和示范作用，加强对社区医疗机构诊疗能力的培训指导，帮助社区医疗机构降低误诊率、提高识别区分疑难杂症的能力，避免患者跑冤枉路、吃冤枉药，切实为群众减少负担。

执笔人：喻　东

专题五

建立教师流动制度：担忧、障碍与建议

义务教育均衡发展的核心在于教师资源的均衡，而教师资源能否均衡的重点则取决于能否实现教师流动。建立教师流动制度，既是推进教育资源均衡配置的关键性举措，也是遏制“择校风”的重要突破口。国际经验也表明，建立这一制度对于推进义务教育均衡发展意义重大。

总体而言，教师流动工作在全国范围内的推进还很有限，国家相关政策规定在各地的落实情况参差不齐；即便是那些正在进行有益探索的地方，在政策推行过程中也面临一些利益、制度层面亟待解决的问题。通过对各地在教师流动方面的有益探索及政策实施中面临的主要障碍进行深入分析，本专题建议首先厘清认识，充分考虑教师个体及学校、主管部门等机构利益对教师流动的影响，进而从激励与约束两方面入手，对相关制度障碍进行针对性改革，以切实推动义务教育均衡发展。

义务教育均衡发展是促进基本公共教育服务均等化的重要实现途径，然而现状却不容乐观。愈演愈烈的“择校”问题，公众反映强烈[①]，负面影响非常突出，急需解决。“择校”的根源在于校际间教育资源的不均衡，尤其是师资力量的不均衡。对于家长而言，“择校”的背后更是“择师”。推进义务教育均衡发展，需要从投入、教师和学校标准化建设等方面入手，但关键仍然在于教师资源的均衡。

义务教育均衡发展的核心在于教师资源的均衡，而教师资源能否均衡的重点则取决于能否实现教师流动。建立教师流动制度[②]，其主要政策效果在于，可以实现区域内教师资源在知识结构、学科结构、年龄结构、职称结构和骨干结构等方面的调整，逐步缩小校际间差距，切实提升薄弱学校或偏远学校的教学质量，在一定程度上缓解“择校热”，促进教育公平。因此，建立教师流动制度，既是推进教育资源均衡配置的关键性举措，也是遏制“择校风”的重要突破口。

国际经验也表明，建立这一制度对于推进义务教育均衡发展意义重大。日本中小学教师的“定期流动制”[③] 是其促进校际间师资均衡发展，进而促进校际间教育均衡发展，以及最终实现整体教育均衡发展的极为关键的途径。韩国通过实施以教师流动为核心的“教育平准化”政策[④]，也

---

① 以北京市为例，全市小学入学择校率近10年来呈显著增长，目前已高达50%以上，居国内大城市第一。另据21世纪教育研究院于2011年7~8月组织的北京市“小升初”状况网络调查显示，针对“您认为目前北京市‘小升初’的情况是否严重”这一问题，62%的受访者表示“非常严重”，26%的受访者认为“严重”。

② 在国内相关文献中，“教师流动”“教师轮岗”等概念往往被频繁交替使用。为了强调这一制度能够真正具备“旋转门”的特征，所以将其翻译为“Teacher Rotation System”更为准确。

③ 日本教师的“定期流动制”始于二战后，主要在公立基础学校（小学、初中、高中及特殊学校）范围内实施，主要目的是：不断提高教师的工作热情和创新能力，增加教师多种经验积累；合理配置人才资源，保持学校之间教育水平的平衡；打破教育的封闭状态，使学校办学始终充满活力。从实施效果来看，确已实现了缩小甚至弥合校际间差异、改善薄弱学校状况、促进教育均衡发展、维护教育公正公平、提高基础教育整体质量等目标。

④ “教育平准化”政策大致包括三方面主要内容：一是倾斜拨款，对“不利学校”增加教育拨款，大力改善其办学条件；二是教师流动，实行约四年流动一次，以确保学校师资水平的均衡；三是就近入学，对学生进行综合评分，各学区内由计算机随机确定适龄儿童将要就读的学校。另外，还包括取消中学入学考试等。

有力地促进其义务教育质量的全面提升，并成为世界范围内教育普及率高、质量高、均衡度高的“三高”典范。法国通过实行“优先教育区”政策[①]，以及从教师培养规格、统一中小学教师工资待遇等方面入手，为教师大范围流动创造条件，使师资配置达到了较高的均衡水平，有效地促进了基础教育均衡发展。

一、建立教师流动制度存在的若干担忧

虽然《国家中长期教育改革和发展规划纲要（2010～2020年）》（以下简称《教育规划纲要》）已就我国义务教育均衡发展存在的问题，特别是城乡差距、区域差距和校际差距，明确提出“合理配置教育资源”“实行县（区）域内教师和校长交流制度”等应对措施，但仍有不少人对此存在担忧，需要从认识上予以厘清。

（一）关于“教师流动容易造成千校一面”的担忧

义务教育是国家依法统一实施的具有强制性的免费教育，是公民的基本权利。从基本公共教育服务均等化[②]角度理解，核心就是基本办学条件（设备、图书、校舍等）、师资、管理水平的标准统一，应重在促进公平而不是追求特色[③]，且必须强调“适度水平保基本”“限

① 法国于1981年出台“优先教育区”政策，其中，关于师资配置主要有三方面规定：对“优先教育区”的师资配置给予特别支持，要求为其配置高质量的、合适的教师队伍；增加“优先教育区”的教师数量配置，以便加强对处境不利和学习困难儿童进行个别辅导；提高“优先教育区”任教教师的工资待遇。

② 《国家中长期教育改革和发展规划纲要（2010～2020年）》明确提出：“建成覆盖城乡的基本公共教育服务体系，逐步实现基本公共教育服务均等化，缩小区域差距。”

③ 当然，在义务教育阶段通过标准化的方式实现较高质量的均等化后，也要注重多样性。这是因为较高程度整齐划一的均等化可能造成平庸化。均等化不是强制拉平，应和个性化并存。要营造一个富有活力的义务教育发展局面，公平和效率不可偏废。

低又限高”的原则。国际经验同样表明，教师轮岗和设施均等化[①]有利于实现教学资源的均等化，真正体现义务教育的全民性和公平性。

即便从教师流动的渐进性和规模来看，建立这一制度造成“千校一面”的可能性也不大。首先，均等化并不排斥多样化需求，政府只是“保基本”，公众可以通过选择私立、非营利等其他形式的教育服务[②]寻求特色；其次，在公立学校内部，从各地实际情况来看，每年或每所学校的教师只是少数流动[③]，而不是全体或大规模，在技术上可保证学校特色的继承；此外，有些优质学校是几十年甚至上百年形成的，已有的办学特色、校园文化、教学质量和管理水平等，也不会因少数名师的流动而受到影响。

（二）关于“通过提高待遇引导教师向农村流动，可能引起其他农村公共机构服务人员攀比”的担忧

教育优先发展已被确立为党和国家的重要战略，“百年大计，教育为本”“强国必先强教”，优待教师有利于引导优秀人才向教育部门的集聚。现阶段而言，我国的义务教育远未实现均衡发展，仍是教育事业的重中之重，需要集中人力、财力予以最优先的扶持。从教师资

---

① 日本1891年颁布的“小学校设备准则”规定了校地、校舍的基准、应备置教具的种类，建筑趋于统一化、标准化；1947年《学校教育法》规定了办学基准，对选址、占地面积、校舍面积、师资水平、实验器材、图书配备等提出明确标准，并要求必须依法严格执行；1958年制定《公立义务教育学校的班级编制及教职员编制标准相关法律》，以规范班级规模和师生比例；另外，对偏僻地区的学校还有现代信息设施方面的特殊关照，确保了偏僻地区的设施不仅不落后、且能够在现代信息技术的支持下与发达地区享有类似的教育资源。韩国则是通过倾斜拨款政策，对“不利学校”增加教育拨款，大力改善其办学条件。

② 以日本为例，除去占绝大比例的公立学校，还有一定数量成立背景、教育目的、管理手段、教学方式千差万别，收费标准也各不相同的私立学校，以满足公众的不同需要。

③ 例如，武汉市规定各区每年参加区内交流的教师人数只是要求达到符合交流条件教师总数的7%以上；江苏省在示范区推动教师轮岗制，骨干教师每年进行交流的比例也只是要求不低于骨干教师总数的15%；即便在实现较高均等化水平的日本，教师流动也大致只是20%的比例。

源来看，编制结构性问题突出（城镇超编、农村缺编），农村教师学科结构、知识结构、年龄结构失衡，同级别教师收入在学校间差别较大。因此，通过提供不低于乃至高于城市的待遇水平，引导教师（特别是优秀教师）向农村地区、薄弱学校流动，切实加强农村教师队伍建设，是促进义务教育均衡发展的重要措施。

此外，从公共部门薪酬的国际比较①来看，我国中小学教师的相对工资水平明显低于日韩等东亚国家。作为一个人均自然资源同样较为匮乏的国家，我国应同样重视培育人力资本优势，在教师薪酬上向日韩的相对工资水平看齐（大约是人均 GDP 的 1.5 倍左右）。这也符合国家规定的“确保教师平均工资水平不低于当地公务员”的基本原则和方向。

二、建立教师流动制度面临的主要障碍

近年来，按照国家既有政策②的要求，各地在教师流动方面③进行

① 王列军、贡森，“公共部门薪酬激励的国际比较及启示”，国务院发展研究中心《调查研究报告》第 179 号（总 3934 号），2011 年 9 月 27 日。

② 2001 年，《国务院关于基础教育改革与发展的决定》提出城乡教师“对口支援”的交流方式，要求援助地区的学校要为受援地区的学校培养、培训骨干教师。2003 年，《国务院关于进一步加强农村教育工作的决定》进一步提出建立城镇中小学教师到乡村任教服务期制度。2005 年，《教育部关于进一步推进义务教育均衡发展的若干意见》提出要采取各种有效措施，建立区域内骨干教师巡回授课、紧缺专业教师流动教学、城镇教师到农村学校任教服务期等项制度，积极引导超编学校的富余教师向农村缺编学校流动，切实解决农村学校教师不足及整体水平不高的问题。2006 年 6 月颁布的《中华人民共和国义务教育法》明确规定：“县级人民政府教育行政部门应当均衡配置本行政区域内学校师资力量，组织校长、教师的培训和流动，加强对薄弱学校的建设。”2010 年 1 月，《教育部关于贯彻落实科学发展观进一步推进义务教育均衡发展的意见》强调“健全城乡教师交流机制，推动校长和教师在城乡之间、学校之间的合理流动，鼓励优秀校长和骨干教师到农村学校和薄弱学校任职、任教，发挥示范、辐射和带动作用。建立完善城镇教师到农村学校任教服务期制度”。2010 年 7 月颁布的《国家中长期教育改革和发展规划纲要（2010 ~ 2020 年）》提出切实缩小校际差距，“实行县（区）域内教师和校长交流制度”。

③ 据有关研究统计，截至 2010 年 10 月，全国已有 25 个省市和地区出台了教师流动的相关政策。对于“教师流动”，各地实施的政策中有许多不同表述，如“教师轮岗”“教师走校制”“教师轮换”等，这里不做严格区分。

了一些有益探索①。但总体上，教师流动工作在全国范围内的推进还很有限，国家相关政策规定在各地的落实情况参差不齐；即便是那些进行有益探索的地方，在推行过程中也面临一些利益、制度层面亟待解决的问题，如果缺乏对相关利益影响的充分考虑及采取针对性的制度改革，教师流动制度难以真正得以建立并发挥应有作用。

（一）利益层面的障碍

校际间差距的长期存在，事实上已经形成了一个既得利益群体。因此，教师流动势必带来这一利益格局的调整，既涉及教师个体利益的变化，又涉及学校（特别是名校、重点学校）利益的增减，还涉及包括教育主管部门在内的相关政府部门的利益变动②。在一些地方，名校、重点学校已经成为当地的“面子工程”，且维系着当地强势群体（阶层）的利益。出于学校与权力“联姻”能带来彼此利好的分配格局考虑，教育主管部门也倾向于把优秀的教师分配到名校、重点学校。名校、重点学校意味着更好的福利待遇和更优的工作平台，其在选择师资力量上长期具备绝对的优先权，可以通过各种形式获得资金等各种支持，优秀教师扎堆于此不足为奇。不仅如此，名校、重点学

① 主要有四类做法：一是，沈阳等地将教师的人事关系由原学校迁入到流入校；二是，铜陵等地将教师的人事关系由区里统一管理；三是，合肥等地规定流动的教师人事关系仍保留在原学校，进行一定年限（非短期）的交流后仍可回到原学校；四是，杭州、成都等地采取教师仍留在原学校，但要为教育集团内其他学校提供智力支持和指导。虽然以上四类主要做法的实施效果并不完全相同，且政策出台背景、条件及具体内容也存在差异，但确实存在某些共通及可资借鉴之处。概言之，大致包括以下几个方面：①淡化教师校籍、强化区域（区、县、学区或教育集团）管理；②实现区域内（省市地区、学区）资源均衡配置（投入、教师、学生资源），区域内差距变小；③教师只是部分而非全员流动；④通过工资均等化等方式有效缩小校际间教师收入差距；⑤当地领导认识到位，对教师流动工作“真重视”。

② 当然，教师流动所面临的利益层面障碍，不仅仅局限于教师、学校、主管部门三个方面。例如，就近入学政策实施后，名校、重点学校所在社区的户口和住房成为含金量很高的资源，“学区房”“学区户口”炙手可热，这背后的利益显而易见。

校办学硬件等方面的优势，也为教师业务水平提升提供了重要的基础条件，且这些学校的教师事实上还拥有评定职称和获得社会荣誉的优先权，拥有更多接受学习培训的机会。因此，这种个体及机构利益层面的障碍对教师流动的影响不容忽视。例如，虽然江苏省2010年全面实行义务教育阶段教师绩效工资制度，实现同一区域教师工资基本均衡化，为教师流动奠定了基础。但也应该看到，仅从校际间的教师收入差距来看，实际上在江苏差距仍然不小，而全国其他地方的这一差距也普遍较大。

（二）制度层面的障碍

从现有的制度保障（配套措施）来看，教师流动也没有形成门槛性、强制性的制度。虽然《义务教育法》和《教育规划纲要》已明确提出了教师流动的相关内容，但现行《教师法》无论是在教师的“资格和任用”，还是在教师的“义务和职责”中都没有对教师流动有专门的规定；不仅如此，由于我国教师的身份不是公务员①，教师流动（以及由此带来的人事关系变动）与现行《事业单位人事管理条例》中人员招聘、竞聘、解聘等规定并不相符，强制流动也缺乏法理正义性。例如，郑州市的教师资源共享并非教师流动，仍局限在流动教学、重点校教师与薄弱校教师建立师徒制等措施上，教师资源均等化推进力度、范围较为有限；无锡市虽然明确了在轮岗交流期间工作突出、

① 在韩国，公立学校教师的法律身份是公务员，享有公务员的相应权利并承担相应义务，并受较多约束，例如不允许在业余时间以营利为目的当私人老师或在培训学校任教。在日本，教师也是公务员，这就保证了体面、稳定职业和收入。1949年日本政府制定《教育公务员特例法》，规定日本中小学教师的定期流动（或者叫“转任”）属公务员“人事流动”的范畴，所有作为地方政府公务员的中小学教师必须强制流动。在法国，义务教育教师均为国家公务员，包括全体小学和初中教师，其工资一律由中央财政支付。

成绩显著的教师，在业务进修、评先评优、晋升提拔等方面同等条件下优先考虑，但教师流动并未在较大范围内以法律法规形式形成门槛性、强制性的制度。

三、义务教育学校教师流动的“嘉善经验”

作为全国唯一独立承担“国家教育体制改革试点项目——义务教育学校教师流动”的试点县，浙江省嘉善县自2009年起在教师流动方面开展了一系列探索，取得了一定成效，形成了值得推广与借鉴的“嘉善经验”。

（一）主要做法

嘉善县教师流动政策的动因最初是为了解决因行政区划调整引发的师资均衡问题[①]，进而以解决局部问题为契机推动了全县教师流动改革。具体做法如下。

1. 立足“两为本”，形成教师流动的普遍共识

嘉善县立足“以校为本”“以师为本”，充分尊重学校的发展历史和办学主体，尊重教师的专业发展和个人意愿，把教师流动与学校发展、教师个人成长相结合，建立合作共赢的目标激励机制。在明确流动目标的同时，嘉善县还通过多种形式宣传教师流动工作的背景和意

---

① 2009年7月，由于嘉善县政府所在地的魏塘镇一分为二，该地的学区调整势在必行，原魏塘中学和魏塘四小这两所师资薄弱学校面临着招生的现实困难。为此，县教育局采取了三项举措：一是义务教育阶段公办学校2010年招生严禁择校；二是将两校分别更名为“嘉善县实验中学”和“泗洲小学”；三是从城区名校抽调2名校级领导、6名初中名师、3名小学优秀班主任进行师资支援。从结果来看，两校的学区调整进行顺利，既没有户籍学生流失，也没有学生家长投诉。

义，依托教育系统干部“双休日大课堂”，开展以“教师流动”为主题的校长论坛，围绕教师流动工作召开不同层面座谈会、恳谈会，征求各方意见，利用各类媒体加强宣传引导，消除校长、教师和各界的思想顾虑，努力形成教师合理流动的共识。

2. 设立“五大类别”，构建教师多元流动模式

嘉善县针对参与流动学校和教师的不同需求，首创学校中层以上干部、名教师、普通教师、新教师和特长教师五大类别流动。在中层干部流动中设计了培养型、优化型、任期型及回避型四种流动方式，在普通教师流动中设计了竞聘型、服务型、互动型及转岗型四种流动方式，不仅有利于县级层面对教师流动效果的整体把握，更有利于推动学校师资队伍的优化配置。从教龄来看，在一所学校连续任教满3年的教师（一般男未满45周岁、女未满40周岁）可自主申报流动，连续任教6年及以上的教师作为流动重点，连续任教9年及以上的教师由学校统筹安排，择时流动。从年级来看，为避免因流动打乱正常教学秩序，流动教师原则上小学阶段是一、四年级，初中阶段为一年级。从流动方向看，既包括城区到农村的服务流动，农村到城区的对等培养流动，也包括农村与农村之间、城区与城区之间的互动流动，以及学校发展特色需要开展的特长流动，等等。从管理方式看，对校级领导、中层干部和名师的流动采取全县统筹推进的方式，而对普通教师、特长教师的流动则采取由各教学片区根据实际需要主导推动的方式，只有当片区内无法调配时，才在片区与片区之间进行适当调剂。

3. 引导与保障并重，提高教师参与流动的积极性

在方案制定中，嘉善县注重建立政策驱动引导机制，配套实施了有关教师评定、考核等制度改革。例如，明确城镇义务教育学校教师申报高级职称必须具备3年以上农村任教经历，申报中级职称必须具备2年以上农村任教经历。为鼓励教师及早流动，还对教师职称改革中的农村任教年限设置了过渡期，早流动早得益。与此同时，县财政每年还安排400万元专项经费，用于流动教师的奖励、培养、交通等。县里专门安排了43辆教师接送车，让住在城镇但在农村任教的859名教师免费乘车。对不带编制流入城镇学校的农村教师、流入农村学校的城镇教师，在服务期内享受每月60～400元不等的任教津贴。此外，参与流动到农村去任教的各级名师，不仅在流动期间优先享受学术休假和培训，而且，其任教津贴均为在城区任教的3倍，每月差额在300～800元不等。

4. 加强跟踪管理和服务，确保发挥实效

为避免教师流动流于形式，保证流动工作质量，嘉善县确定了两个层面的跟踪管理方式。在县级层面上，全面推进“一室一档一网一地一窗口”的“五个一”建设。

“一室”是指以学校为单位建立名师工作室，制定相应的目标任务，助推教师专业成长；“一档”是指县、校两级建立流动教师业绩档案，加强对流动教师工作的跟踪管理；“一网”是指建立教师流动网，为流动教师提供交流平台；“一地”是指学科基地建设，配合教师流动，在4所学校建立学科基地，承担年轻教师流动实践培训任务；“一窗口”是指依托各级各类媒体建立宣传窗口，大力宣传教师流动先进典型和成功经验，充分展示流动教师风采，营造积极向上的良好氛围。

在学校层面，除做好上述“五个一”外，各参与流动的学校积极为流动教师安排合适岗位，通过与学校班子成员结对子、安排参与学校管理等方式调动流动教师的事业心和责任感，充分发挥其优势。此外，还加强与流动教师原所在学校之间的校际交流合作，实现多种教育资源共享。

（二）初步成效

总体而言，嘉善县教师流动不仅弥补了城乡教育人员、学科、职称、年龄上的结构性缺失，更促进了教师专业成长，增强了教师队伍活力，均衡了优质教育资源，为教育公平提供了有力支撑。具体表现在以下两个方面。

1. 带动整个师资队伍的质量提升与结构优化

嘉善县38所义务教育学校实际流动教师573人，占符合教师流动条件（共计1612人）的35.5%。其中，约一半的校级领导和近三成的中层干部进行了流动，各学校领导班子年龄结构、人员配置更为合理。名师和骨干教师向农村薄弱学校的流动，为其作用和潜能的发挥搭建了新的平台，并能充分发挥“鲶鱼效应”，带动整个师资队伍质量的提升。

2. 助推校际之间形成良性互动的发展态势

嘉善县的教师流动有效地推进了校际之间的深度交流，改变了学校办学思维，激发了学校发展活力。同时，通过特长教师的流动，实现了优质资源共享，解决了部分薄弱学校特色发展的瓶颈问题，推进了学校之间的高水平均衡发展。例如，在全县学校发展性评价特色项目评选中，义务教育学校共有17个特色项目，而农村学校就占到11个，占比高达65%。一些农村学校实力提升明显，甚至给城镇的中上等学校造成了压力，从而进一步激发学校、教师的创造性和发展后劲。这些都有利于学校之间形成一种良性互动的竞争发展态势。

3. 促进优质教师资源在城乡之间合理分布

嘉善县共有31名校级领导流动至农村基础薄弱学校，137名骨干教师由县城学校流入农村学校。34位名优教师流入农村学校，实现全县农村学校名师全覆盖。教师流动，在很大程度上改变了优质师资高度集中在县城的不合理状况，有效促进了城乡骨干教师的合理分布，在12所农村学校实现了名师、学科领军人物“零的突破”。而且，校级领导的流动，实现了学校干部队伍优化组合，也较大程度提高了农村薄弱学校的管理水平。

（三）几点启示

当然，教师流动是一个难题，嘉善县在深入推进这项工作的过程中还会遇到许多困难，也将面临一些新的挑战。这就需要相关政策不断完善，后续措施持续跟进，体制机制不断健全，既要有整体设计和统筹考虑，又要有重点、有阶段、有层次、有步骤，积极稳妥、有序推进义务教育的均衡发展。总的来看，嘉善县的教师流动工作之所以能够顺利实施，离不开当地政府领导的大力支持，离不开他们对教师流动工作的“真重视”。用他们自己的话来说，就是“想干点事”，而且“胆子很大”。而且，经过多年的努力，嘉善全县义务教育学校基础设施条件已经基本均衡，县域内半小时交通圈也已建成……这些都为教师流动创造了良好的外部条件。具体来看有以下4点。

一是办学条件城乡统一标准。在推进义务教育均衡发展过程中，县域内已逐步实现校舍、经费、设备、招生、教师配置等“六统一”，义务教育学校校际之间差异系数小学、初中分别是0.28、0.33（国标是小学0.65、初中0.55），基本消除城乡之间在办学条件上的差距。

二是农村学校布点合理，交通便捷。县城到各学校大致只需半小时，教师到最远距离学校的上班时间约为40分钟。通过安排教师接送车制度，让在农村任教的859名义务教育学校教师上下班免费乘车，有效解决了流动教师工作在农村、居住在城区的实际交通问题。

三是县域内经济差异较小。作为长三角唯一被纳入《长江三角洲地区区域规划》的县，城乡统筹发展取得了很大进展。2011 年城镇居民人均可支配收入 3 万元，农村居民人均可支配收入 1.5 万元，城乡统筹发展水平综合评价名列全省第 6、全市第 1。这种较小的区域经济差异，有助于消除流动教师在生活等方面的顾虑。

四是农村教师待遇水平高于城区。义务教育学校自 2009 年起全面实施绩效工资，目前人均 5.4 万元，其中，农村教师基础工资上浮一级，享受农村任教津贴和奖励；而且，农村名师补贴是城区的 3 倍。

四、教师“县管校用（聘）”的成都探索

成都市在统筹城乡教育综合改革试验区的建设过程中，为破解教师资源均衡配置这一难题，从管理体制入手，自 2007 年起，在青羊、温江、双流、郫县四个区县先行试点，积极探索“县管校用（聘）”的管理体制改革，打破学校对教师的“一校所有制”，理顺了教育行政部门、教职工管理服务中心、学校与教职工的关系，实现了教职工由“单位人”向“系统人”的彻底转变，从而更好地实现了政校分离、管办分离、聘用分离，推进了教师交流。

（一）教师管理体制改革的主要做法

截至 2013 年底，成都全市已有 19 个区（市）县成立了教师管理服务中心，中心与教职工签订人事聘用合同，学校与教职工签订岗位管理合同，20957 名教师纳入“县管校用（聘）”范畴，实现“单位人”向“系统人”的转变。

1. 加大交流力度，促进区域教育均衡发展

一是严格执行校长任期制。校长（含副校长）在同一学校任职超

过9年的必须交流，城区、城镇学校校长优先交流到农村学校或相对薄弱学校任职。2012、2013年分别交流390、431名，占义务教育学校校级干部数的22.4%、22.2%。

二是认真落实县域内教师交流。在同一所义务教育学校任教满6年，且当年9月1日前男不满50周岁、女不满45周岁的教师，纳入应交流范围，每年教师交流与骨干教师交流比例均应达到15%。2012年交流教师4759名，其中骨干教师1612名，交流比例分别为16.2%、17.7%；2013年交流教师5224名，其中骨干教师1842名，交流比例分别为17.3%、19.6%。

三是加强教育联盟间交流。组织21个区（市）县结盟、学校结对发展，按照不低于结对学校专任教师总数2.5%的比例选派教师赴农村学校支教。①互派干部。选派优质学校现任中层及以上干部跨区域到农村学校、相对薄弱学校任校长、副校长；选派农村学校、相对薄弱学校校级后备干部到优质学校锻炼。②选派教师。中心城区选派到对口支援的农村学校支教教师不低于城乡结对学校专任教师总数的2.5%。2010~2013年，结盟区（市）县交流任职和上挂锻炼的干部共334名，教师交流1882名，1.7万名城区骨干教师和农村学校教师师徒结对。

四是试点委托管理和名校领办改革。选派优秀校长行政跨区域任职。

2. 加强队伍建设，建立教师“合同退出机制”

①市政府发布《关于加强教师队伍建设的意见》，明确加强教师队伍建设的总体目标、重点任务和工作要求。②市教育局发布《关于教师退出教学岗位的实施办法》，将教师退出教学岗位的相应条款和内容格式化为合同内容，畅通了教师退出渠道。③印发《中小学教师资格定期注册试点实施办法》，全面启动中小学教师资格定期注册试

点工作。④建立全市教师信息综合管理系统，将全市近10万名公办中小学（幼儿园）干部教师信息录入教籍系统，实现教师信息的实时网络监控和集中系统管理。2014年上半年，全市12个区（市）县完成了本地教师退出机制实施办法的制定，218名教师退出教学岗位。

（二）教师管理体制改革的初步成效

“县管校用（聘）”从制度上弱化了学校对教育人才流动的限制，消除了城乡之间、区域之间教师交流在体制上的障碍，较好地实现了优质教师资源的区域内共享，有力促进了义务教育学校教师的有序、正向流动与均衡配置。

1. 实现“管办分离”，提升了管理效率和服务质量

教职工管理服务中心的成立，理顺了区（市）县教育行政部门、管理服务中心、学校与教职工的关系，实现教职工由“单位人”向“系统人”的转变，把教育行政部门和学校从繁杂的事务性管理中解脱出来，让学校管理团队能全身心投入教学管理。

①理顺教育局与教师的关系。教育局通过对区（市）县学校编制进行分解，招聘录用编制和增人计划内的教师，调配系统内教师流动（交流），对校（园）长进行选聘、考核、交流和培训，初审学校管理岗位数、专业技术岗位数和工勤岗位数，指导和监督学校教职工的聘用、管理、考核及培训。②理顺管理服务中心与教师的关系。作为区（市）县教职工人事聘用的主体单位，管理服务中心与教职工签订人事聘用合同，具体实施教职工岗位交流，承担教职工特别是教师专业发展管理，主要负责组织评优评先、职称评聘、教师资格认定、绩效考核等工作。③理顺学校与教师的关系。学校按照校（园）长负责制，按相关规定与受聘教职工签订岗位聘用合同，依据制定的考核标

准，对受聘教职工的工作过程及结果进行考评，根据受聘教职工工作的质与量，核算和发放奖励性绩效工资等。

2. 促进干部教师的均衡配置，有效缓解中心城区“择校热”

2013年，全市交流校长（副校长）431名，占义务教育学校校级干部数的22.2%；交流教师5224名，占应交流教师总数的16.2%，其中骨干教师1842名，占比19.6%。大量名优教师向薄弱学校、涉农学校流动，带动了相关学校办学质量、教师队伍整体水平的显著提高。通过以师资为重点的资源均衡配置，全市义务教育“择校热”得到有效缓解。2013年，“非正常跨区域入学”人数占全市义务教育阶段公办学校招生总数的9.1%，较2012年下降了7.6%。

3. 提升了教师队伍的整体活力

城乡教师的互动交流，打破了一所学校相对单一的教师学缘结构和教学风格，激发了新的教育智慧。教师流动到新的学校，面对新的环境和任务，能激发工作热情、增强岗位意识和创新意识，促进其专业持续发展。教师流动也为学校补充了新鲜血液，为学校带来新的工作思路和工作方法，有利于增强学校组织的生命力和创新性。薄弱学校教师定期或长期交流到优质学校，自然是促进自身专业成长的良机；名校干部教师交流到薄弱学校，通常能够得到新的平台，更好地展示自己的风采，激发自身的能量。同时，聘任制改革和退出机制的建立，打破了传统教师职业“铁饭碗”观念，增加适度的职业紧迫感和危机感，帮助教师克服职业倦怠情绪。

（三）教师管理体制改革的思考

1. 积极探索教师流动管理的补偿机制

义务教育阶段教师“县管校用（聘）”制度在促进教育公平的同

时，也会在一定程度上给教师带来一些担心甚至烦扰。比如，教师心理上的归属感、稳定感，名校教师的优越感等受到影响；由于流动导致教师居住地与学校间的距离变远（或变近）等，所有这些，会使一部分教师产生抵触情绪。因此，需要积极探索实施教师“县管校用（聘）”流动管理制度的补偿机制，健全相应的配套制度。

2. 建立健全教师“县管校用（聘）”的民主决策和公开监督制度

教师“县管校用（聘）”是教师管理制度的重大变革，是学校与县级教育主管部门在教师管理权限上的重新配置和调整。“县管”管些什么？“校用”怎么用？学校又管些什么？在这些政策决策过程中，需要充分听取教师、学校的意见。相关资源从学校分散配置，到县级教育主管部门集中配置后，资源调配的运行过程必须置于公开监督之下。要设计公开监督的程序、机制、平台，做到过程公开，结果公平公正。

3. 进一步强化县域内教师的统筹调剂机制

县级教育行政部门在全面分析中小学超余编情况、岗位结构比例以及教师队伍年龄结构、学科学段分布、工作年限等基础上，提出年度教师统筹调剂比例及实施办法。有条件的区（市）县可以进一步探索“教师多点任教”（即教师“走课”）模式，鼓励工作量不饱和的教师在同一区域内的多个学校任教，尤其是村小教学点所需教师，可以采取就近学校派员轮流执教、兼职任教等方式予以解决。

五、建立教师流动制度的政策建议

如前所述，深入推进义务教育均衡发展，教师资源配置是关键。无论是嘉善的经验，还是成都的探索，都对此做出了较好的诠释。党的十八届三中全会明确提出了“校长教师交流轮岗”的改革要求，国家新一轮“深化教育领域综合改革”也将“校长教师交流轮岗”纳入了议事日程。可以说，以推动“教师流动”为抓手，促进义务教育资源均衡配置的新一轮教育改革已经在全国范围拉开了帷幕。2014 年 8 月，教育部、财政部、人力资源和社会保障部三部委联合下发《关于推进县（区）域内义务教育学校校长教师交流轮岗的意见》，从工作目标、人员范围、方式方法、激励保障机制、管理改革、责任主体等六个方面提出具体意见，要求各地尽快制定校长教师交流轮岗实施办法并全面部署落实。

总之，建立教师流动制度，首先应当厘清并统一认识，虽然有些担忧在局部或缺乏配套制度方面来看是有一定道理的，但并非不可以消除。其次，应充分考虑教师个体及学校、主管部门等机构利益对教师流动的影响，从激励与约束两方面入手（目前是引导性的制度措施较多)，对相关制度障碍进行针对性改革。最后，加强中央对地方教师流动工作的宏观指导也很必要。以下是关于教师流动制度的政策建议。

（一）通过财力均等逐步缩小校际间差距

修改与完善现有法律法规，合理划分各级政府在义务教育阶段的事权责任和财权责任，进而明确规定各自的出资范围和出资方式。考虑到各地财政支付能力差别较大，以及推进改革的难易程度，近期应以缩小区域内校际间差距（尤其是硬件设施等基本办学条件）为政策重点，并通过财政转移支付在未来逐步缩小区域间差距。鉴于“两基达标”只是基本解决了中小学的校舍问题，下一步应继续加大公用经费向偏远地区、农村地区的倾斜力度。需要强调的是，校舍等硬件设施的建设，不仅要有最低标准，更要有最高标准。只有这样，才能强行在硬件设施等基本办学条件上，缩小直至最终拉平校际间差距。

（二）通过工资均等化为教师流动创造条件

国际经验和国内地方实践都表明，教师工资的均等化在一定程度上为教师资源的均衡配置创造了条件。换言之，逐步缩小校际间教师待遇差异是有效推行教师流动的基础与前提。工资的均等化，势必最终消弭地区间、城乡间、校际间教师资源（尤其是优质教师资源）流动的障碍，有助于实现教师资源的合理均衡配置。因此，有必要真正实现同一区域内、同一岗位教师的同工同酬，并设立贫困边远地区、农村地区教师特殊津贴制度，提高教师流动的自愿性。此外，教师公寓或宿舍等配套支持也很关键。

（三）通过同步调整学生资源“倒逼”教师流动

通常认为，只有均衡配置了教师资源（以及学校硬件条件），才能够消除“择校”，从而实现学生资源的均衡分布。但是，成都强力推行就近入学的实践①也说明，通过需方（即学生）的某种“倒逼”机制也能达到供方（即教师）资源均衡配置的效果，即积极主动调整学生资源的均衡，或者学生资源与学校、师资等的均衡同步调整，可能会对教师轮岗制度的推动起到意想不到的效果，也有助于实现学生资源与教师资源均衡配置的良性循环。

---

① 成都市于2011年4月20日出台《成都市义务教育阶段学生按户籍所在地就近入学的实施意见》，全面建立在户籍所在地就近享受义务教育的体制机制。其主要内容包括：第一，先按户籍区域（所在街道）登记再划片确定学校服务范围；第二，实行入学时间、划片范围、招生计划、程序、结果的五公开；第三，取消房产证明为依据的限制性条件；第四，农民工随迁子女，只要提供暂住证、劳动合同和输出地户口证明，按照其居住地统筹尽量安排就近入学。

（四）以试点省的教师流动制度建设为近期重点

鉴于我国义务教育各项经费投入中省级政府正在成为主角，并结合部分省的教师流动试点经验可知，如在某个省内解决了学区划分障碍、教师收入和发展机会障碍，并将教师轮岗作为担当教师工作的必要条件，就可能在这个省内率先实现义务教育均衡发展。国家相关部门可以根据条件（比如区域差异小）和自愿程度，鼓励和扶持在省域范围内率先全面开展这项工作，为未来建立全国统一的教师流动制度提供经验。此外，从教师流动的区域来看，在农村地区，考虑到东、中、西地区差异，在交通便利的东部地区有可能实现一步到位，实现县域范围的教师交流轮岗，中、西部地区则应根据人口分布等逐步过渡；在城市地区，大的城市在区（市）县范围内交流轮岗，小的城市则努力实现城乡统筹。

（五）将教师全面纳入公务员队伍作为未来改革的方向

除了加强县（区）域内义务教育学校教师统筹管理、加快推进“县管校用（聘）”等教师管理体制改革外，还应尽快修改《教师法》《事业单位人事管理条例》等法律法规，将教师流动作为担当教师工作的必要条件，以真正落实《义务教育法》和《教育规划纲要》的相关规定。同时，充分借鉴国际经验，将教师纳入公务员队伍，并通过立法予以保证。这不仅有利于使教师强制流动具有法理正义性，而且为保证其全国大致均等的收入水平提供了可能。长远来看，要实现教师普遍流动，应将教师纳入公务员队伍作为未来的改革方向。

（六）将义务教育均衡发展程度作为干部考核的约束性指标

教师流动制度的建立，以及相关配套措施的顺利实施，离不开地方领导的大力支持，需要各级政府及其主要负责人认识到位，对教师流动工作“真重视”。要做好校长教师流动的政策宣传等工作，进一步激发校长教师的积极性、主动性，形成校长教师流动的普遍共识，合理划定适合流动的校长教师范围（年龄、比例等），确保校长教师流动取得实效。更为重要的是，必须扭转地方政府片面追求升学率等错误倾向，同时，制定义务教育办学条件的国家标准（包括经费、师资、设施、设备的数量与质量标准），特别是要把校长教师交流轮岗工作纳入党政领导干部教育工作督导考核体系，并以此作为对相关官员考核义务教育均衡发展程度的约束性指标。

执笔人：佘　宇

参考文献

[1] 汪丞，方彤．日本教师“定期流动制”对我国区域内师资均衡发展的启示．中国教育学刊，2005（4）

[2] 胡苹．韩国义务教育财政经费投入的经验及启示．基础教育参考，2005（9）

[3] 孔凡琴，邓涛．日、美、法三国基础教育师资配置均衡化的实践与经验．外国教育研究，2007（10）

[4] 王敬尧，陶振．农村义务教育均等化进程中的体制障碍分析．社会主义研究，2008（1）

[5] 袁方成．农村义务教育均等化：现状与改革．华中师范大学学报（人文社会科学版），2008（3）

[6] 张力．改革开放30年来我国教育成就和未来展望．中国发展观察，2008（10）

[7] 徐慧楠，王晋堂．义务教育阶段教师流动政策的新进展．中国教育发展报告（2011），北京：社会科学文献出版社，2011

[8] 陈安国．西部农村地区义务教育中的突出问题及对策建议．行政管理改革，2011（2）

[9] 孙飞，佘宇．义务教育均衡发展的“嘉善经验”．时事报告，2014（4）

[10] 佘宇．如何让教师真正流动起来．时事报告，2014（4）

[11] 中央教育科学研究所教育督导评估研究中心．义务教育均衡发展报告（2010）．北京：教育科学出版社，2010年12月

[12] 高如峰主编．义务教育投资国际比较，北京：人民教育出版社，2003

专题六

促进民办教育健康发展的思路与建议

民办教育是我国教育事业的重要组成部分。改革开放以来，民办教育从无到有，从小到大，获得了显著的发展，在弥补国家教育经费不足，提高教育的资源供给能力，以及提供多样化的教育服务，推动教育改革等方面，发挥了重要作用。随着经济社会发展和国情深刻变化，我国教育事业发展呈现出新的阶段性特征，急需继续加快发展民办教育，发挥其重要作用。

和其他领域的改革一样，当前我国民办教育发展也步入了攻坚期和深水区。虽然过去一段时间教育行政部门和一些地方政府，在发展民办教育上作了许多有益探索，也推出不少得力举措，但就全局和总体而言，一些长期制约民办教育发展的制度桎梏和政策壁垒还没有从根本上消除。本专题认为，应进一步明确民办教育目标定位和活动范围；理顺政府与民办学校关系，引导和规范民办教育发展；区分营利性和非营利性，加快建立民办学校分类管理制度；切实推动民办学校内涵发展，提高民办教育质量水平。

改革开放以来，我国民办教育事业快速发展，成为教育事业的重要组成部分。但是，受各种因素的制约，民办教育发展过程中还存在不少困难和问题，发展还不够科学。因此，进一步完善制度机制，促进民办教育健康发展，显得重要而紧迫。而且，加强民办教育健康发展的研究，也将有助于在理论上进一步明晰民办学校的属性、与政府和市场的关系等，进一步澄清围绕民办教育发展的错误观念，并对若干关键政策问题予以明确，从而健全和完善民办教育基本制度。

一、我国民办教育发展进入新阶段

民办教育是我国教育事业的重要组成部分。改革开放以来，民办教育从无到有，从小到大，获得了显著的发展，在弥补国家教育经费不足，提高教育的资源供给能力，以及提供多样化的教育服务，推动教育改革等方面，发挥了重要作用。党的十七大以来，我国教育进入促进公平、提高质量、内涵发展的新时期，民办教育在继续发展壮大的同时，在提高质量、办出特色方面取得了显著进展。可以说，随着一系列重要政策文件特别是《民办教育促进法》《民办教育促进法实施条例》《教育规划纲要》的颁布实施，大力扶持、依法管理民办教育的力度显著加大，公办教育与民办教育共同发展的格局正在逐步形成。

据2012年教育事业统计，全国共有各级各类民办学校（教育机构）13.99万所（图6－1），各级各类民办学校在校生3911.02万人（图6－2）。其中，民办幼儿园12.46万所，占总数的68.75%；在园儿童1852.74万人，占总数的50.27%。民办普通小学5123所，占总数的2.24%；在校生597.85万人，占总数的6.17%。民办普通初中4333所，占总数的8.15%；在校生451.41万人，占总数的9.48%。民办中等职业学校2649所，占总数的27.14%；在校生240.88万人，

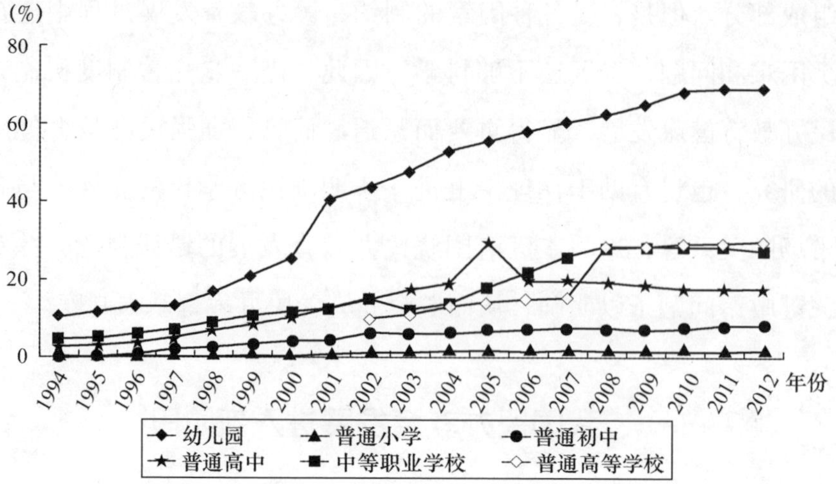

图 6－1　1994～2012 年各类民办学校占比

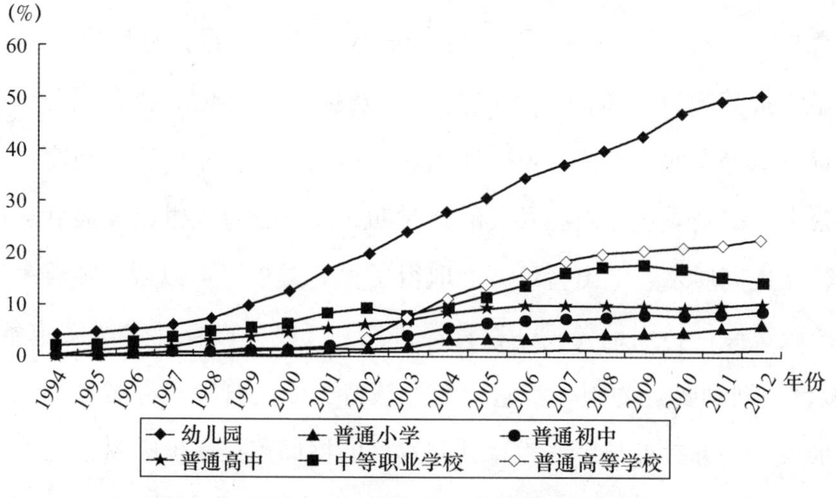

图 6－2　1994～2012 年各类民办学校在校生占比

占总数的 14.25%。民办普通高中 2371 所，占总数的 17.55%；在校生 234.96 万人，占总数的 9.52%。民办普通高校 707 所，占总数的 28.87%；在校生 533.18 万人，占总数的 22.30%。民办学前教育、高等教育和培训事业发展迅速，民办中小学教育发展平稳，顺应了国家教育发展需要和人民群众日益多样化的教育需求。

我国民办教育发展的成就主要体现在以下四个方面。

1. 民办教育快速发展，事业规模和所占比例都有较大提升

改革开放以后的短短几十年时间，我国民办教育从几乎没有到发展到如此大的规模，本身就是一种发展成就。无论是学校数还是在校生数，都经历了一个从无到有、从小到大的发展过程，民办教育已经逐步成为我国教育事业的重要组成部分，基本形成了民办教育与公办教育共同发展的格局；在我国教育事业中的地位，也从可有可无逐步过渡到不可或缺。从类型上看，民办教育也由最初的文化补习班等非学历性教育机构发展到各种各样的办学类型，包括高等学历教育等；从最初低层次的发展水平逐步过渡到高层次、多元化发展的阶段。从地域类型来看，民办教育的发展也从少数城市扩展到全国，呈现出欣欣向荣的态势。

2. 民办教育的发展缓解了公办教育供给不足的状况，帮助实现了部分适龄人口的受教育权利

我国民办教育发展的最初动力，正是由于公共教育经费投入不足造成的过度需求。长期以来，除了北京、上海等极少数大城市，我国大部分地区的公办中小学教育机会供给都是绝对不足的。其中，中西部地区小学、初中、高中供给都不足，东部地区主要是高中阶段教育机会不足。民办教育的发展迅速缓解了公办教育供给不足的状况，为没有机会上学的适龄人口提供了宝贵的就学机会，保障了他们受教育的权利，特别是为我国农村地区实现“普九”做出了历史性贡献。而且，民办教育的发展还在一定程度上解决了进城务工人员随迁子女的教育问题。

3. 民办教育作为一种选择性教育，满足了人民群众日益增长的差异化教育需求

改革开放以来，我国经济高速发展，收入差距持续扩大，社会阶层迅速分化，从一个同质性较强的社会转变成一个富于多样性的社会。人们的教育需求也日益多样化，不再满足于公办教育相对单一的教育内容和教育方式。于是，针对各类差异化需求的民办学校应运而生，成为一种全国性的普遍现象。民办学校的发展，满足了社会不同人群对于多样化教育的选择，不仅为择校提供了更多可能，也为择校创造了一个较为公平的市场环境。可以说，民办教育在不同程度上优化了教育资源配置，提高了教育教学质量，发挥了自身的特色。

4. 民办教育推动了教育管理体制改革，加快了政府职能转变

民办教育在改革开放后应运而生，其在早期的一些“非制度化”做法，也加快了政府对教育领域的职能转变，逐渐从干预管理到出台相关政策，依靠法律法规来规划和引导。民办学校的出现和成长也给现有的公办学校带来了竞争压力，有些地区民办学校的发展已经明显影响了公办学校生源和师资的稳定。面对民办学校带来的竞争压力，公办学校不得不加强和改进学校的教学、管理，以稳定生源和师资。另一方面，民办教育在特色办学、人才流动等方面的成功经验也为公办学校正在进行的一系列改革起到了示范作用。因此，民办教育在推动公办学校改革以及整个教育体制改革方面能够发挥积极的作用。

总之，我国民办教育的蓬勃发展，既扩大了教育资源总量，增加了教育的选择机会，也促进了教育投入体制改革，办学管理体制的创新，增强了教育改革发展的活力。在提高教育服务水平、满足人民群众的多样化教育需求方面发挥了积极作用，为实现教育事业的跨越发展、经济社会发展进步做出了重要的贡献。

二、当前民办教育发展面临的突出问题

随着经济社会发展和国情深刻变化，我国教育事业发展呈现出新的阶段性特征，急需继续加快发展民办教育，发挥其重要作用。主要体现在五个方面。

第一，教育保障能力显著增强，财政对教育的投入不断加大，“有学上”的问题已基本解决，正在向“上好学”的方向发展；而且，随着家庭经济条件的不断改善和提高，城乡居民多层次、多样化的教育需求也不断增加。所有这些，急需创新教育服务提供方式。

第二，与其他公共部门普遍存在的问题一样，公办教育活力不足，办学形式单一，机制僵化，急需引入社会力量激发活力。

第三，社会发育不断成熟，公民参与社会公益的积极性不断加强。其中，一部分人是从事非营利事业，有捐资办学的热情；而另一部分人则是有投资办学的热情。亟待对他们进行分类并加以引导与规范。

第四，随着我国经济发展进入“新常态”，对高素质人力资源供给提出了更高要求，也更强调教育教学与产业发展紧密结合；而民办教育尤其是民办职业教育在这方面更加具有优势。

第五，为了在某些学段（如学前教育、普通高等学校教育）促进教育公平，仍然需要通过大力发展民办学校（如幼儿园）来增加教育资源供给。

但是，我国民办教育发展仍面临很多突出问题，还不能很好地适应教育事业发展新的阶段性特征的要求。总体来看，民办教育经过几十年的发展，虽然已经具有一定规模，但发展仍然不充分、不规范、不平衡，这在本质上就是发展还不够科学的表现。“不充分”是指，

与经济合作与发展组织（OECD）国家的私立教育相比，我国民办教育的规模不大，层次还较低，质量还不高，影响也比较小（陶西平、王佐书，2010）。“不规范”是指，关于民办教育健康发展的政策制定比较滞后，相关的法规体系尚不完备。“不平衡”是指，民办教育在地区间、学校间的差异很大。比如，东部地区（温州、上海等地）的民办教育发展较好，而中西部地区的民办教育则发展较为滞后；同一个地区，有的学校发展良好，有的学校问题重重。

而且，和其他领域的改革一样，当前我国民办教育发展也步入了攻坚期和深水区。虽然过去一段时间教育行政部门和一些地方政府，在发展民办教育上进行了许多有益探索，也推出了不少得力举措，但就全局和总体而言，一些长期制约民办教育发展的制度桎梏和政策壁垒还没有从根本上消除。在“要不要发展民办教育”和“怎样发展民办教育”两大核心问题上，相关政府部门仍然没有形成共识和采取统一行动。由于受到各种主客观因素的制约和干扰，当前在民办教育体制改革和机制创新问题上，一些部门仍不同程度存在“不敢、不愿、不让、不会改革创新”的状况。这种局面导致社会力量兴办教育的动力不足、热情消退，严重制约我国民办教育的健康可持续发展。

当前，我国民办教育发展亟待解决十大问题①，即法人属性问题、产权属性问题、学校权力问题、教师权益问题、会计制度问题、营利与非营利问题、合理回报问题、优惠政策问题、市场监管问题、政府服务问题。如果将这些问题进行归类，大致可以分为以下四类：第一类是民办学校的属性问题，包括“营利与非营利问题”与“法人属性问题”；第二类是民办学校的产权、资产和会计制度问题，包括“产

① 鲁昕，“促进民办教育健康发展——在民办教育 2012 年年会上的讲话”，2012 年。

权属性问题”“合理回报问题”和“会计制度问题”；第三类是政府职责问题，包括“优惠政策问题”“市场监管问题”和“政府服务问题”；第四类是民办学校的治理问题，包括“学校权力问题”和“教师权益问题”。而且，无论是十大问题还是四类问题，都是环环相扣，紧紧相连的，并非彼此独立存在。

三、促进民办教育健康发展的改革实践

针对当前我国民办教育发展面临的突出问题，部分地区在体制机制方面进行了一些改革探索并取得了初步成效。从调研情况来看，各地促进民办教育健康发展的改革实践主要体现在以下几个方面。

（一）出台民办学校的分类登记管理办法

作为国家民办教育综合改革试点的温州市，在2011年“1+9”政策基础上，2013年又出台了“1+14”民办教育综合改革系列文件[①]。其中，最具开创性的措施，就是关于民办学校的分类登记管理办法。温州市政府认为，法人属性混乱是民办教育发展的源头性问题，“民办非企业法人”的属性不清晰，使得民办学校不能享受政府政策

① “1+14”包括《中共温州市委、温州市人民政府关于实施国家民办教育综合改革试点，加快教育改革与发展的若干意见》，以及《关于民办学校分类登记管理的实施办法（试行）》《关于进一步加强民办学校教师队伍建设的实施办法（试行）》《关于完善民办教育社会保险制度的实施办法（试行）》《关于公共财政补助民办教育的实施办法（试行）》《关于非营利性民校学校财务管理的实施办法（试行）》《关于明确非营利性民办学校法人财产权的实施办法（试行）》《关于落实民办学校优惠政策的实施办法（试行）》《关于加强民办学校现代学校制度建设的实施办法（试行）》《关于民办学校办学水平评估的实施办法（试行）》《非营利性民办学校会计核算办法（试行）》《关于县（市）民办学校教师在市本级临时性参加社会保险的暂行规定》《关于落实民办学校金融支持和优惠政策的实施办法（试行）》《关于落实民办非企业法人学校改制为企业法人学校的办法（试行）》和《关于进一步加强民办学校党建工作的若干意见》14个附件。

优惠，还要按照企业标准缴纳税费。因此，温州市从民办学校的营利和非营利性质出发，确定了两类法人登记管理机制。非营利的民办学校在各民政部门登记，成为“民办事业单位法人”，依法获得合理回报；营利性的民办学校在工商部门登记，成为“企业法人”，按照市场机制依法获得利润。在分类管理的基础上，对民办事业单位法人和企业法人，分别制定并执行详细的政策配套体系，如招生收费、税收优惠、土地政策产权管理等。

虽然有了民办学校的营利和非营利分类，但舆论和政策上依然倡导捐资型或出资保值型的公益慈善办学模式。其中，捐资型学校举办者对学校发展有决策权，但放弃对投入资产及办学积累的所有权，放弃办学结余的合理回报。而出资保值型民办学校的举办者除了对学校发展的决策权，还对投入资产拥有所有权，并按 5 年期银行贷款基准利率获取利息实现保值，但也要放弃办学结余的合理回报。

区分管理营利性和非营利性两类组织属性不同的民办学校，是关系到民办教育健康发展的基础性制度。但是我国《民办教育促进法》和相关法规并未明确规定民办学校的分类，绝大多数民办学校被登记为民办非企业单位法人，难以跨越文件对非营利组织的认定，有关政策无法落实。温州将民办学校明确划分为营利性与非营利性两类，分别按照企业法人和民办事业单位法人进行登记管理，在民办学校法人分类上取得了重要突破，建立“民办事业单位”法人类型是一次重大创新。

在借鉴温州改革经验以及结合本地民办教育发展现状的基础上，衡阳市于2014 年出台专门文件，明确全日制民办学校为“民办事业单位”，由县级以上机构编制部门所属的事业单位登记管理机关进行登记，实行单独管理，享受事业法人待遇。而且，全日制义务教育民办学校按照公办学校同等政策标准享受生均公用经费补助待遇。学校建设享受行政划拨用地优惠政策，享有与公办学校同等的建设规费减免政策。2013 年，全市民办学校建设各类规费减免 8 亿元。落实全日制义务教育阶段民办学校享受公共财政补助待遇，自 2014 年起，市本级财政将在已安排 200 万元民办教育发展专项资金的基础上，连续 3 年每年递增 100 万元，各县市区财政也均安排 10 万 ~ 30 万元的民办教育发展专项资金，用于资助民办学校发展。此外，经编制部门和教育行政部门共同审定的民办学校编制内教师，要按现行社会保险相关政策参加养老、医疗、失业、工伤、生育等社会保险。

（二）确立民办学校合理回报的具体政策

产权不清晰，合理回报性质不明确，是影响民办学校稳定健康发展的重要障碍。为吸纳社会资金投入教育，《民办教育促进法》第 51 条规定“出资人可以取得合理回报”。但国务院尚未出台具体的操作办法，出资者也担心取得合理回报后失去相关政策优惠。因此，现实中，民办学校的合理回报往往是通过学校财务会计“技术化处理”得来。

针对法律规定和具体操作的脱节问题，温州市在改革中对民办学校的合理回报进行了清晰的规定。首先，明确各类民办学校在财产的归属、使用、收益、处分等方面的权利、义务和责任，提出“出资财产属于民办学校出资人所有，出资人产（股）权份额可以转让、继承、赠与，但学校存续期间不得抽回资金”。其次，对登记为民办事业单位法人和企业法人的民办学校实行不同的会计制度，加强学校财务规范化建设。最后，确立合理回报的具体政策。登记为企业法人的民办学校，按市场和企业机制获取利润；登记为民办事业单位法人的民办学校，则规定为：“在扣除办学成本，预留发展基金以及提取其他有关费用后，在办学有结余的前提下，经学校决策机构研究决定，并报教育行政部门批准，可从办学结余中提取一定比例的经费，用于奖励出资人。年奖励金额按不超过出资人累积出资额为基数的银行一年期贷款基准利率的2倍计算。”

（三）加大政府对民办学校的扶持力度

民办学校的生存和发展与政府的政策息息相关，政策的出台可以催生民办学校，政策的调整也可能使民办学校难以为继甚至倒闭。从调研的情况来看，为给民办教育发展营造良好的外部环境，各地应在投融资、财税、土地等多方面出台优惠政策，不断加大政府对民办学校的扶持力度。

1. 投融资方面

温州市在改革中明确规定民办学校的收费权、办学权、知识产权、著作权、商标权都可以用于质押，非营利性民办学校的非教学设施可用作抵押，营利性民办学校的设施可作抵押，突破了相关法律规定。温州市创新民办教育投资融资的形式，完善投融资平台，成立教育发展投资集团有限公司，将学校事业性资产转化为经营性资产。对两类民办学校给予相应的信贷支持，建立贴息贷款机制。此外，还探索教育的信托投资，组建国资引导、民资参与的教育担保公司，为民办学校提供短期资金周转、贷款担保等服务；支持民办学校依照国家规定利用捐赠资金和办学结余设立教育基金，通过专业基金运营机构运作，实现保值增值；鼓励营利性民办学校探索创建教育私募股权投资基金，发展教育产业。

成都市规定，民间资金可独立投资办学，可在产权明晰的前提下以合资、合作、参股的方式投入办学，也可以参与非义务教育阶段公办学校的改制、收购、兼并。民办学校的举办者可以资金、实物、土地使用权、知识产权及其他财产作为办学出资。

2. 财税方面

温州市加大了对民办教育的公共财政投入。从2011年起，每年拨款3000万元作为民办教育专项奖补资金。通过购买服务的方式，对登记为民办事业单位法人的民办学校，根据在校生人数，按当地上年度生均教育事业费（包括预算内外）的一定标准进行补助。民办事业单位法人和公办学校同等税收，民办教育企业法人提供学历教育劳务所得的收入，5年内免征营业税，企业所得税由税务部门先征缴后再返还地方所得部分。此外，非营利的民办事业单位法人可以自主定价，按照不高于当地上年度生均教育事业费3倍的标准确定（特别优秀的可放宽到5倍）；营利性企业法人的民办学校收费项目及标准由学校自主确定。

成都市通过设立民办教育发展专项资金，加大公共财政对民办教育扶持力度。2013年，在总额为500万元的民办教育专项资金中，安排了314.4万元用于民办民工子女学校教室光环境改造；2014年，在总额1000万元民办教育专项资金中，又安排了422.4万元用于民办民工子女学校建设校园安防监控系统。同时，根据需要积极购买民办学校教育服务，并划拨相应经费。2013年，各区（市）县向民办学校购买义务教育阶段学位达2.4万个。此外，还规定民办学校学生同等享受公共财政对家庭经济困难学生及中等职业学校学生的资助和优惠政策。对接收本地户籍义务教育阶段学生（含符合条件的进城务工农村劳动者子女）的民办学校，由属地教育行政部门按照在校生人数给予补贴，补贴金额逐步达到公办学校生均公用经费标准。

3. 土地政策方面

对于民办事业单位法人的民办学校，温州市以行政划拨方式提供土地的使用权，民办学校享受和公办学校相同的建设费用减免。企业法人的民办学校，基本上以有偿出让的方式提供土地。政府也鼓励民办学校，依法通过土地置换、新建、迁建、扩建学校，提升硬件建设。

成都市规定，设立民办学校应与当地经济社会发展、教育发展需求和学校布局规划相适应。对民办学校新建、扩建所需用地，按照公益性用地采取行政划拨或协议出让等方式提供。教育用地不得改作其他用途。对民办学校建设项目报建费的收取，按照与公办学校同等的优惠政策执行；涉及的其他经营服务性收费按国家和省、市规定的收费标准的下限收取。

（四）探索解决民办学校教师的权益问题

按照现行规定，政府对企业编制的民办学校教师和事业编制的公办学校教师在教师身份、编制和人事管理、社会保险等方面实行不同的管理制度，客观上形成了民办学校教师和公办学校教师身份差异和待遇差距，统一的教师人力资源市场没有形成，教师在公、民办学校之间的流动面临着政策障碍。从调研的情况来看，在鼓励和帮助民办学校加强教师队伍建设，保障民办学校教师权益方面，各地的做法主要如下。

1. 温州市

一是各县（市、区）参照公办学校教师绩效工资标准，制定并落实了民办学校教师工资指导线。

二是建立政府支持的民办学校教师社会保障新制度。所有符合要求的民办学校教师，均按公办学校教师标准参加事业单位社会保险，享受与公办学校教师同等的退休费、住房公积金、困难救助等待遇，各项社会保险费的单位应缴部分，由民办学校承担，当地财政通过购买服务的方式对非营利性民办学校提供资金支持。

三是落实民办学校教师平等待遇，民办学校教师在表彰奖励、职称评聘、评优评先、人才政策、困难救助等方面，与公办学校教师享有同等待遇。

四是加强专业培训，把民办学校校长、教师的业务培训纳入统一规划和管理，在培训经费、参加人次等方面，给予相同保障，委派公办学校教师到民办学校支教，全市共派遣664位公办学校骨干教师到首批推进学校支教。

五是建立公办民办学校教师流动机制。计划通过3年努力，使公办、民办学校教师在实施健全的资格管理制度、社会保障制度的基础上实现由身份管理向岗位管理转变的自由流通。

2. 衡阳市

2012年，衡阳市出台的《关于促进民办教育发展的意见》提出“鼓励教师在公办学校与民办学校之间合理流动，凡具备教师资格、与民办学校签有三年以上合同的教师，可办理户口迁移手续。”从调研的情况来看，这一尝试虽然得到了民办学校负责人、教师的支持和肯定，但在实际操作中，仍遭遇种种问题。例如，“教师可在公民办校之间合理流动，公办校教师到民办校任教，可按停薪留职对待”，仅仅只能暂时性缓解教师在公办、民办学校的流动问题，并未根本解决问题。而且，20世纪90年代起停薪留职入职民办学校的教师，被原学校要求回流的情况也在大量发生，局面已经更加复杂。同样，关于民办学校事业编制审定，民办学校教师医保、社保的转移合并等问题，也在省一级层面遭遇阻碍，难以顺利实施。

3. 成都市

成都市主要从五方面鼓励和帮助民办学校加强教师队伍建设：一

是积极为民办学校推荐和选派管理能力强、经验丰富的校长；二是从公办学校选派部分优秀教师到民办学校支教；三是支持民办学校用部分事业编制面向社会公开招聘优秀师资；四是在教师进修培训、评优选先等方面充分保障民办学校教师的同等待遇；五是做好民办学校教师人事代理服务，解决其职称评定、教龄计算、户口迁移等后顾之忧。此外，各区（市）县还通过公办、民办学校结对帮扶、公办学校派出优秀管理团队、公办学校骨干教师到民办学校支管支教、民办学校教师到公办学校顶岗实践或跟岗研修等途径和方式，加强引领和帮扶，提升民办学校办学能力，保障民办学校办学质量和品质。

四、以分类管理为突破口，促进民办教育健康发展的思路与建议

（一）进一步明确民办教育目标定位和活动范围

如前所述，当前我国教育事业发展呈现出的新的阶段性特征，基本可以概括为过度需求（excess demand）和差异需求（differentiated demand）[①] 两个方面。其中，过度需求是指公办学校无法提供充足的入学机会，满足不了全部需求，因此，需要发展民办学校来填补需求

---

① 对于私立教育发展原因的解释，最重要的理论发现来自埃斯特尔·詹姆斯（Estelle James，1993）的研究。詹姆斯首先观察到，小学和中学阶段进入私立学校的学生在不同国家间存在相当大的差异。对此，她给出了一个分析框架，认为有4个因素影响私立教育的发展，其中2个是影响对私立学校需求的因素，即过度需求（excess demand）和差异需求（differentiated demand）。过度需求是指公立学校无法提供充足的入学机会，满足不了全部需求，因此，私立学校会来填充供需缺口；差异需求是指家庭有不同于现有公立学校提供的教育偏好，他们要依靠私立学校来满足更高标准的需求。另外2个影响因素，一个是非营利实体（如教会）的存在，这些实体通常出于宗教原因而提供符合其目标的可供选择的教育机会，这是影响私立学校供给的因素；另一个是政府对于私立教育的政策，如准入政策、补贴政策等，这是一个同时影响私立学校供给和需求的因素。

缺口；差异需求是指家庭有着不同于现有公办学校提供的教育偏好，需要依靠民办学校来满足更高标准、更加多样化和个性化的教育需求。民办教育的继续发展，必须与这一阶段性特征相适应，而不是仅仅为民间资本（社会资金）寻找出路，或是囿于办学所有制形式、争取和维护民办教育办学群体自身利益、为了发展而发展。政府在民办教育发展过程中（特别是在学前、普通高等教育等非义务教育阶段），仍然具有不可推卸的责任。而且，发展民办教育，也必须在选择自由（choice）、效率（efficiency）、公平（equity）和社会凝聚力（social cohesion）[①] 这4个政策目标中寻求平衡。从现实来看，在我国民办教育政策制定和执行过程中，既存在对民办教育歧视性的政策，也存在为促进而促进的倾向。实际上，发展民办教育机构（学校或幼儿园）只是实现教育政策目标的一种手段，而不是目标本身。在某种程度上，

---

① 亨利·M·列文（Henry M. Levin，2005）的研究表明，在规划整个国家教育体系时，人们会特别注意在四个目标中寻求平衡，它们是选择自由（choice）、效率（efficiency）、公平（equity）和社会凝聚力（social cohesion）。在某种程度上，这些目标会相互抵触，不同的国家优先考虑的目标也不同。①选择自由：这个目标更多强调教育中的个人收益，以此来保证私立学校可以自由地被学生和家长选择。这一重要目标对应于詹姆斯所说的基于异质文化、宗教和语言的差异需求。②效率：这个目标指的是在给定资源约束条件下追求教育产出最大化。每个国家都有通过教育活动达到的经济、社会和政治目标。正如许多国家反映的情况一样，这些国家的学校生产某种教育产品，人们相信这些产品能够帮助提高学生的学业成绩，而这样的劳动力生产可能对实现各项目标有重大的作用。但是，在公立和私立之间作出选择，意味着哪个能够更有效地运用资源实现自己的目的。私立学校以及那些相信私立学校生均成本更低的人们主张保留市场作用，让学校之间为录取学生而展开竞争，可以提高生产效率。③公平：这个目标是指具有不同性别、社会阶层、种族、语言障碍条件和地域的学生要求获得平等的教育机会、资源和产出。私立学校支持者主张，选择学校的能力将会把禁锢在劣质学校的学生解放出来，竞争的市场会使学校更有动力迎合学生的需要。反对者则认为，私立学校加剧了教育的不公平，因为高知识高收入的家长能获取更多信息和更多资源。他们也相信这种选择本身就排除了穷人，剥夺了穷人的公民权，有权势和地位的人们只会选择那些有同样权势和地位的学生进入的学校，而学校也是根据这个标准来选择学生的。（4）社会凝聚力：这一规则是指教育要使所有学生凝聚成一个整体，参与到社会、政治和经济体制中去。这对于移民国家和有着深刻的地域、种族和宗教问题的国家尤为重要。社会凝聚力常常作为学校教育的核心要素，渗透到课程、社会价值、目标、语言和政治内容当中。私立学校的反对者相信，私立学校的教育会带来知识、信念和价值上的差异，而这对于实现社会、政治和经济目标具有一定的破坏作用。（详见亨利·M·列文著、范皑皑译、阎凤桥校，“中国教育私营化的机遇与挑战”，《北京大学教育评论》2005年1月，第3卷第1期）。

这些目标会相互冲突；在不同的学段，这几个目标的优先顺序也有所区别。

由于不同学段有着各自的独特性，且在教育服务供给的制度上也各有特色，因此，民办教育的角色和作用也应存在差异。

1. 学前教育阶段：主导公益 + 补充营利

结合数量和性质两方面情况，民办学前教育的角色应该包括两种情况，一种是占有主导地位的公益性（或普惠性）民办幼儿园，另一种是补充地位的营利性民办幼儿园。对于前一种情况，由于政府要承担付费责任，所以对应的制度安排是政府购买服务，其具体形式非常多样，包括对供给方付费的补贴制度、对需求方付费的教育券制度以及承包等。这几种形式在我国都得到了尝试。对于后一种情况，则由私人部门进行投资，面向市场中有需要的群体提供服务，民办幼儿园的运营遵循市场法则，收益由幼儿园的投资人支配。

2. 义务教育阶段：补充公益 + 补充营利

从现实情况来看，民办义务教育的角色包括了两种情况，一种是向高端需求群体服务的，以商业化模式运作的补充性民办义务教育学校；另一种是向无法进入公办义务教育学校的家庭提供的公益性、补充性义务教育服务的民办学校。从趋势来看，前一种民办义务教育学校还将继续得到发展，而后一种则会随着户籍制度改革、国家投入力度的加大逐渐被并入普通的公办义务教育学校行列之中。

3. 职业教育阶段：从补充公益到半主导公益

综合来看，民办职业教育在职业教育体系中的角色分两类，一类属于补充性公益事业，主要指登记为民办非企业单位的那些民办职业教育机构，另一类是处于主导地位的营利性事业，主要是提供经营性培训服务的那部分机构。职业教育作为一种强调培养学生实际操作能力的教育类型，与市场的需求有着天然的联系，甚至可以说，职业教育的活力来自于和市场、社会的良性互动，因而在职业教育领域，民办教育有着特殊的重要地位，基于这一点，民办职业教育在未来将成为重要的增长点。同样，也是出于职业教育与市场的紧密联系，政府在职业教育领域的过多干涉可能会阻碍职业教育的发展和职业教育质量的提升；但与此同时，职业教育的成功与否关系到国家经济发展方式的转变和产业结构的调整能否有足够的技能人才作为支撑，所以政府对职业教育的责任却是不可推卸的。因而在制度安排上，将负有付费责任的政府和民办职业教育机构相结合是当前最优的选择，即将民办职业教育的角色转向主导地位的公益性事业，以政府购买服务作为主要的制度安排。

总之，在义务教育阶段，必须坚持政府办学为主体，围绕教师轮岗、财力均等和学生资源均等方面建立完善的配套制度，推进义务教育均衡发展；在非义务教育阶段，大力鼓励支持民办教育发展，引导民办学校提供多层次、多样化的教育服务，增强教育选择性。考虑到我国现有的小学及以上公办教育资源较为充足，基本能够满足城乡居民子女教育需求，因此，这些学段也不宜盲目发展民办教育，特别是那些缺乏特色、与公办学校雷同的民办学校。鉴于教育事业发展必须坚持的公益属性以及世界各国的经验、教训，民办教育的发展方向应该明确为鼓励和引导社会力量重点兴办公益性教育事业。考虑到不同学段的特殊性，高中及以上将是未来民办教育发展的重点领域。总体来说，义务教育阶段应以公办学校，以及部分非营利性民办学校为主体，给营利性民办学校留有的发展空间有限，即便有，也是发挥其在提供多样化、个性化需求方面的作用。而且，针对不同类型的民办学校（或幼儿园），公共财政的投入范围和重点，以及具体的管理办法、措施和扶持政策等也需要加以明确①。这也是一些教育发达国家比较成熟的经验，是国际上管理民办教育的通行做法。

（二）理顺政府与民办学校关系，引导和规范民办教育发展

从政府与民办学校的关系来看，由于教育事业带有国家意志的色彩，政府作为教育行业的监管者，要对民办学校的办学行为、教师的准入、教育教学质量水平、教育服务标准等进行监管；同时，政府也是教育公共服务的提供者，通过购买服务、财政补贴等方式，鼓励和支持民办学校创新服务提供方式，实现民办教育健康可持续发展。此外，其他政府部门也对民办学校负有一般性监管职责，例如财务会计、登记管理等方面，不同部门都有相应的管辖权。鼓励和引导民办教育发展，应进一步加强顶层设计，推动相关法律法规的完善，从宏观框架下彻底理顺民办教育机构的法人属性，明确民办教育机构的市场定位以及各级政府对其的职责，制定民办教育机构的长远发展规划，探索政府如何在发展和规范民办教育中找到政策平衡点，推动民办教育健康有序发展。此外，中央政府在加强顶层设计时，应积极吸收地方有益的探索，通过系统评估，对已取得的可复制、可推广的经验进行总结、提炼、推广，同时对基层探索保留一定宽容度以及试错空间。

---

① 例如，在法人属性上，营利性民办学校是企业单位，非营利性民办学校是民办非企业单位，考虑到民政部民间组织管理局正在修法（已列入人大立法议程），方向是将最接近国际上非营利性机构概念的民办非企业单位明确为非营利性机构，非营利性民办学校的法人属性将更加明确；在教师身份上，随着《机关事业单位养老保险改革决定》的颁布，机关事业单位与企业单位养老保险在制度上实现并轨，同时政府要正确履行教育行业管理职能，继续推动落实民办学校教师在职称评定、工龄计算等方面享受与公办学校教师同等待遇，民办学校与公办教师的身份界限将逐步打破；在税收优惠上，根据营利性和非营利性民办学校的不同属性，按照《企业所得税法》《公益事业捐赠法》《民间非营利组织会计制度》等分别执行；在财政资助上，仍可采取政府购买服务、学生资助、财政奖补等方式统筹解决，继续推动落实民办学校学生在升学、国家助学贷款、国家奖学金、生活困难补助、就业等方面与公办学校学生享有同等权利。

只有当顶层设计与基层探索形成自上而下与自下而上的发展合力，才能共同推进民办教育的健康发展。

从激励角度来看，要进一步改善民办教育发展环境。依法落实民办学校、学生、教师与公办学校、学生、教师平等的法律地位，落实民办学校在招生、专业及课程设置等方面的办学自主权，保障民办学校学生在就业市场中的机会平等，切实激发民办教育发展活力。建立健全政府服务民办教育的体系，确保民办学校的受教育者享有与同级同类公办学校的受教育者同等的权利。对民办学校的科研项目建设、校本课程开发，给予一定的公共财政经费资助。非营利性民办学校依法享受与公办学校同等的税收、报建立项、规费减免、水电气供给等方面的优惠待遇；对非营利性民办学校新建、扩建所需用地，按公益性用地采取行政划拨或协议出让等方式提供。此外，还应疏通捐赠渠道、培育捐赠文化，依法支持有能力的基金会、社会团体办学，引导捐资人成立基金会，或将捐赠资金委托有能力的基金会办学；在尊重捐赠者、出资者意愿的前提下，允许引入公益信托机制，依法通过基金运作筹集办学经费；个人和社会组织通过获得捐赠税前扣除资格的公益性组织向民办学校捐赠时，享受相应的所得税或其他税收优惠。换言之，一方面，需要尽快清理并纠正现有的各类歧视性政策，去除民办教育发展的“镣铐”；另一方面，也要尽快制定与完善相关扶持、优惠政策，赋予民办教育发展的“翅膀”。

从约束角度来看，要进一步规范民办教育发展。加强政府对民办教育发展的统筹、规划和监督职能，转变民办教育发展模式。一是加强对民办教育的评估，依法对民办学校实行督导，建立专业化的民办学校认证评估体系，形成制度化机制，促进民办教育办学质量的提升。要建立各级各类民办学校督导评估制度，加强对民办学校办学方向、办学条件、教育教学、财务管理、招生与收费行为等办学活动的指导、监督和督导评估，依法规范民办学校的办学行为。根据民办教育督导评估工作和年度常规登记审验结果，探索民办教育信息披露制度，定期将民办学校（机构）办学情况向社会进行公告，督促民办学校（机构）规范办学、科学发展。二是进一步健全和完善民办学校的法人治理结构，通过权责分明、职能清晰的制度建设，确保决策的科学、民主。要指导民办学校不断完善其法人治理结构，全面依法设立理事会（董事会），切实保障校长行使教育教学和行政管理的职权，不断提高学校管理的质量。

（三）加快建立民办学校分类管理制度

建立民办学校分类管理制度，应明确营利性与非营利性民办学校的区分标准。关于非营利组织，《企业所得税法》《企业所得税法实施条例》《民间非营利组织会计制度》《财政部、国家税务总局关于非营利组织免税资格认定管理有关问题的通知》等都规定了其应同时满足的多个条件，如不以营利为目的，资源投入者不享有所有权，财产及其孳息不用于分配或变相分配，注销后的剩余财产用于非营利性目的等。根据国际惯例和我国国情，建议按照学校法人财产独立完整、举办者投入属于捐赠、办学盈余不用于分配、剩余资产用于社会公益事业等四个特征来认定非营利性民办学校，按照投资办学并获取利润回报认定营利性民办学校。其实，对于民办学校分类的标准，在理论上并没有太大的争议，只是在旧制度下形成的模糊认识和权宜之计，造成了既有的利益格局，难以认定和处理。因此，推进民办学校分类管理，关键是在尊重民办学校举办者历史贡献的前提下，选择务实、灵活的改革策略，统筹兼顾各方面的利益关系，向新的制度平稳过渡。

民办学校分类管理是系统的制度设计。除了明确分类标准外，还需要建立和完善相关配套政策，主要包括以下四个方面。

1. 办学许可和注册登记制度

现行制度的漏洞在于，举办者向审批机关申请设立民办学校（不具备办学条件，未达到设置标准的，先申请筹设）前，为形成办学条件，必须开展筹资和项目建设活动，于是举办者先期投入到民办学校的资产在学校法人尚不存在的情况下，只能放在举办者名下，落实非营利性民办学校法人财产独立完整则成为监督的盲区。解决的办法是引入基金会机制，由基金会接受筹资，基金会法人作为非营利性民办学校的举办者，完成筹资、办学许可、注册登记等一系列程序。根据公益性事业单位改革的部署，现阶段，将非营利性民办学校登记为事业单位法人，温州市民办教育综合改革采取了这一做法。

2. 产权、资产管理和财务会计制度

在实行分类管理后，非营利性民办学校资产包括社会捐赠财产、国有资产以及办学积累三类，应由基金会统一管理，分别登记建帐，实行专项管理。民办学校存续期间，对学校所有资产依法享有占有、使用、收益和处分的权利。基金会汇合财政拨款和政策补助、社会捐赠、学校服务收费，为学校发展筹集经费，全部用于教学科研等学术活动。非营利性民办学校终止时，依据《民办教育促进法》进行财务清算。关于清偿债务后剩余财产的处理，国家投入的国有资产由审批机关负责安排用于教育事业，社会捐赠资产和办学积累继续用于发展民办教育事业。非营利性民办学校依照《民间非营利组织会计制度》和其他相关法律规定进行会计核算，实行财务公开制度，接受第三方审计，公布审计结果，并报审批机关备案，接受检查。

3. 法人治理和内部管理制度

非营利性民办学校实行理事会（董事会）领导下的校长负责制。理事会或者董事会作为学校的决策机构，由社会贤达、教育专业管理人员、捐赠者代表、学生（家长）代表、教职工代表、社区代表等组成，理事会（董事会）成员组成比例总体上应体现社会公益性和代表性。理事会（董事会）定期商议学校发展的重大事项，确定校长人选，报审批机关核准。保障校长独立行使职权。校长对副校长人选提名、校内教师和管理人员聘用、财务和资产使用管理、学校教学科研事务等具有决定权。建立健全监事会、工会、党团、教职工代表大会等组织机制。

4. 教师人事制度

在公办、民办两种组织形式下，需要创新机制，建立灵活的教师人事制度。打破公办、民办界限，实行教师全行业管理，建立统一的教师人力资源市场。实行公办、民办学校统一的教师招聘制度。探索建立公办学校与民办学校之间的教师流动机制，公办学校在职教职工到非营利性民办学校工作，身份不变，工龄连续计算，按照学校规模单独核编。民办学校教职工依法享有与公办学校教职工同等权利。地方政府可根据各自财力对非营利性民办学校给予补助，确保非营利性民办学校教师工资待遇和社会保障待遇不低于同等职称的公办学校教师。非营利性民办学校教师，在工作调动、档案转接、教龄计算、人事代理、评优评奖、职称晋升、科研项目申请等方面享受与公办学校教师同等待遇。

（四）夯实民办学校内涵发展，提高民办教育质量水平

对于义务教育阶段的民办学校，我们认为应发挥其在提供多样

化、个性化需求方面的作用。因此，应在满足城乡居民对义务教育阶段基本需求的前提下，注重引导民办义务教育学校错位发展、特色发展。以下重点谈一下其他学段民办学校的发展思路。

1. 鼓励和引导民办园提供普惠性服务

针对学前教育阶段民办园占比过高的现状，以及这一学段兼有保育和教育的双重任务，加之“入园难、入园贵”问题仍未得到有效缓解，应在继续增加公办园数量、提高公办园占比的同时，以分类管理为抓手，鼓励和引导民办园提供普惠性学前教育服务。首先，对民办园实行分类管理之后，关于非营利性民办园的各项扶持和优惠政策将得以真正落实和进一步完善，这将有助于其继续提供普惠性学前教育服务；其次，营利性民办园的办园成本更加透明，学费虽有上涨的可能，但政府仍有采取相应的政策工具对其进行调控的余地；最后，经过这些年的努力，已有相当比例的公办园可以提供普惠性学前教育服务。而且，如果区域内公办园、非营利性民办园的占比较高，也会对营利性民办园的收费空间产生一定的约束。这些也都有利于减轻家庭的学前教育支出压力，使其享受到普惠性的学前教育服务。

2. 营造民办职业教育发展的政策空间

首先，加大对民办职业院校的支持，促进民办职业院校转变发展模式。民办职业院校作为职业院校的重要组成部分，在为地方经济发展提供高素质劳动力方面发挥着重要作用，并且基于职业教育与产业密切关联的特征，民办职业院校将在未来扮演更积极的角色。所以，民办职业院校的发展不仅仅是院校自身的事情，也关乎地方经济发展，政府有责任提供政策和资金方面的支持，为民办职业教育的发展创造条件。对于民办职业院校来说，则要更加积极的调整发展战略，将与市场的接轨作为未来发展的驱动力，摆脱依靠收取学生学费发展的传统模式。

其次，将民办职业教育纳入地区职业教育发展的整体布局和框架。一方面，推动民办职业院校与公办职业院校协同发挥作用，实现优势和功能互补，调动一切促进职业教育发展的资源和积极性，创造更丰富、更具活力的职业教育发展空间；另一方面，要在资源配置上将民办职业院校和公办职业院校同等对待，以地区职业教育发展的需要和公平竞争为基准，不因“公办”或“民办”的身份差异而不合理地分配资源，在促进地方职业教育事业发展的同时，实现民办职业院校的健康发展。

最后，坚持养老金制度正确方向，加快企业年金体系建设。民办职业院校要为教职工缴纳一定水平的企业年金，以此保障教职工的养老待遇，如果该职业院校从事的是公益性、非营利性的教育事业，这笔经费支出的一定比例就应该由国家承担，通过在税收、财政补贴等方面的优惠政策对民办职业院校予以支持。

此外，在未来的民办教育发展中就有必要重新对民办职业院校进行定位，针对营利性和非营利性的民办职业院校分别制定相应的管理、税收等政策。

3. 推进民办高等学校转型发展

随着高校扩招之后，农村学生的比例虽然明显提高，但其主要分布在教育资源、教育质量较弱的地方院校和专科院校，更有不少集中在民办高等学校。但是，由于财政投入严重不足、筹集办学发展资金难，民办高校主要依靠收取学费滚动发展，进而造成高中以上学段民办教育的家庭支出较大问题。而且，费用负担也会将一部分寒门学子拒之门外。这势必会影响民办高校在畅通农村和贫困地区学子纵向流动渠道方面的作用。对此，需要加快推进民办高校转型发展。

从办学属性的角度来看，最重要的就是按照营利性和非营利性，建立民办高校的分类管理制度，针对不同类型的民办高校分别制定相应的管理办法、措施和扶持政策，引导民办高校（尤其是高职）向非营利方向发展。非营利民办高职应以发展公益性的民办职业教育事业、培养技能型人才为首要目标，收费项目及标准实行政府指导管理；除了在民政部门注册登记外，运营成本、财产财务、个人收入分配和年终收益分配等方面也应接受更加严格的监管，进而为其接受社会捐赠、公共经费投入创造条件。此外，从人才培养的角度来看，还应鼓励民办高校向应用型本科院校转型，面向行业产业设置学科专业，形成突出实践能力培养的教学体系，采取产学研合作的人才培养模式，提高教师实践教学能力。这就需要政府进一步加大政策方面的支持和保障。

执笔人：佘　宇

专题七

社会保障领域的重点改革

我国的社会保障需要围绕提高保障功能、增强公平性、确保可持续性这三个基本目标加快推进改革。社会救助制度改革的重点是理顺不同层级政府间责任关系，完善待遇确定和调整机制，同时全面提升管理水平尤其是收入及财产核查能力。养老保障制度改革的重点是尽可能扩大缴费型支柱的覆盖范围，引入名义账户制；加快建立和扩展补充型养老支柱；在实现机关事业单位和企业养老险制度并轨的基础上，加快推进制度参数改革（降低目标替代率和缴费率，提高退休年龄等），增强可持续性。医疗保障制度改革的重点是整合医疗保险的经办管理体制并逐步整合医疗保险制度，改革医保的筹资和缴费机制，改进医疗保险的管理。同步推进生育保险和生育服务相关制度、失业保险等制度的改革。

一、改革的总体思路

改革开放以来特别是进入21世纪以来，我国社会保障制度建设取得了长足进展。以城乡居民最低生活保障制度为主的社会救助体系基本实现了应保尽保，养老保障、医疗保障基本实现了对社会成员的全覆盖，其他保险制度也基本实现了对目标人群的全覆盖，并且实现了从“单位保障”向社会保障的顺利转换，各种社会福利事业也稳步推进。社会保障制度建设的不断进展，对于保障公众权益、促进社会和谐以及经济稳定增长，发挥了至关重要的作用。

但必须清醒认识到的是，我国的社会保障制度体系仍然存在很多不足。一些领域有制度安排，但有关保障项目的保障水平仍然非常低；一些保障项目以群体为基础设立，群体之间待遇水平差距过大，没有有效发挥财富再分配功能。在管理方面，多数项目都是以地方为主，统筹层级低，制度不统一，不利于携带，不适应城镇化和人口流动要求，且管理粗放，存在较多制度漏洞。另外，面对迅速的老龄化，养老、医疗等主要保障领域财务不平衡压力越来越大。这些问题如果长期得不到解决，势必会对社会稳定、社会和谐乃至经济增长产生严重不利影响。因此，必须根据党的十八届三中全会《决定》有关社会保障制度改革的总体部署，抓住重点问题，加快推进改革。基于社会保障领域存在的主要矛盾和问题，我们建议，未来一个时期的改革和制度建设应主要围绕三个基本目标推进。

第一，切实提高有关社会保障制度的保障功能。使有关制度更好发挥防范城乡居民当期和未来各种经济风险的功能，确保所有人的经济与生活安全。随着经济增长，进一步提升有关保障水平，让广大人民群众更好享受发展成果。当然，社会保障的待遇水平要与经济发展水平相适应，既不能过高，也不能过低。从我国的现实情况看，有部分领域、部分人群保障水平过高问题，但对大多数城乡居民来说，最突出的问题还是保障水平不足。另外，对不同类型保障项目也要有差别化发展策略，如针对全民的医疗卫生服务保障、老年服务保障等以及针对弱势群体的保障等，有利于提升全社会的人力资本，有利于防范和化解社会矛盾，有利于推进社会公平，需要强化政府责任，提升保障水平；对于养老金等纯粹消费性的保障，则需要有效调控，实现代际之间利益关系以及政府责任与家庭和个人责任之间的平衡。提高社会保障的保障功能一方面需要稳步增加投入，另一方面，通过改革制度设计、完善管理、提高保障资金的针对性也能够发挥重要作用。

第二，切实增强社会保障的公平性。有效发挥社会保障制度应有的调节初次分配差距的再分配功能，稳步解决社会保障领域事实上存在的逆向转移支付问题。目前，我国社会保障的不公平性主要表现为过大的群体间待遇差距、过大的城乡待遇差距和较大的地区差距三个方面。从公众诉求和解决的难易程度来看，群体间差距和城乡差距问题需要优先解决，缩小地区间差距则应循序渐进。整合制度是促进社会保障公平性的重要手段，建议优先将针对不同群体建立的有关制度稳步实施整合，在制度整合的基础上稳步缩小待遇差距，同时，消除现行制度对城市化以及人口和职业流动带来的障碍。

第三，确保各项社会保障制度财务上的可持续性。一方面，要厘清国家、个人、家庭、企业以及社会力量在社会保障中的权利、义务等责任关系。核心是明确不同保障项目的属性及责任主体。该由政府承担的基本保障责任政府要予以确保，同时，以鼓励就业为基础，完善企业以及个人和家庭责任分担方式，积极鼓励社会互助。另一方面，针对日趋严峻的老龄化对养老金、医疗保障资金带来的压力，要认真学习、总结国际经验，稳步推进养老保障领取年龄、养老金替代率、医疗保障资金筹集与支付方式等关键管理技术的改革和调整，同时，进一步提高管理效率，降低运行成本。

社会保障制度体系复杂，需要改革与完善的内容很多。未来一个时期，建议重点推进涉及人群广泛、公众关注度高且对经济与社会运行影响最突出的社会救助制度、养老金制度和医疗保障制度改革，兼顾其他领域的改革。

二、关于社会救助制度改革

鉴于我国农业人口和非正规就业人口仍占较大比重，同时，初步建立的城乡居民养老保险待遇水平又很低，不足以保障基本生活，因此，以城乡居民最低生活保障制度为核心的社会救助体系建设意义极为重大，这是社会保障制度体系最重要的安全网。作为社会救助制度体系核心的城乡居民最低生活保障制度是参照国际成熟经验建立的，总体框架没有问题，可保持稳定。近期，要解决的重点是进一步明确保障目标，理顺不同层级政府间责任关系，完善待遇确定和调整机制，同时，全面提升管理水平，尤其是收入及财产核查能力，进一步推进公开透明，完善退出机制，解决普遍存在的“漏保”和“错保”问题。

（一）完善低保标准的设定和调整机制

在制度层面，我国城乡居民最低生活保障早已实现全面覆盖。当前一个比较突出的问题是待遇标准与实际生活需求差距大。标准设定权长期在县（市、区）层级，各地标准设定方法很粗放，不少地方尤其是中西部地区往往依据财力水平而非实际需要设定标准，没有反映真实生活成本，导致低保标准过低，没有起到应有的保障功能。《社会救助暂行办法》已经明确今后低保标准由省级政府设定，建议尽快落实，统一标准设定方法。可以参照部分地区的做法，根据经济发展水平差异将一个省份划为三类地区，制订三个低保标准，保持相对统一，不再按县（市、区）分别制订。此外，建议低保标准要设立清晰的实物标准，然后根据当期物价折算成货币，根据物价变化定期进行调整。

（二）完善不同层级政府间责任关系，实现“应保尽保”

社会救助是底线保障，中央和省级政府应当承担绝大部分筹资责任。以低保为例，虽然目前中央政府已经承担了70%以上的筹资责任，但是转移支付总量仍然满足不了不少中西部经济欠发达地区的实际需求，一些地方保障标准设定过低、财力不足是主要因素。不仅标准过低，受财力以及管理能力等因素影响，一些地方对享受资格管理也非常粗放，如简单采取按行政区域分配名额的做法，导致相对贫困区域特别是农村整村贫困的地方，“漏保”问题突出，一些地方甚至出现一个低保名额多户享受或轮流享受等情况。建议中央和省级政府加大转移支付力度，确保地方有足够能力，努力实现“应保尽保”。

（三）加强低保对象认定和核查能力，着力解决“错保”问题

除因财力问题导致的部分地区保障标准过低、“漏保”问题突出外，受管理能力乃至腐败因素影响，“错保”问题也值得高度关注。其中既有完全不符合低保条件但却享受低保的情况，也有一定时期符合条件，但随家庭成员就业和收入变化脱离贫困该退出而没有退出的情况。大量“错保”问题的存在严重影响公共投入的效率，也损害了真正困难群体的权益，并导致了不少矛盾。目前，我国的城乡低保覆盖了7400多万人口，覆盖率为5.4%，从国际范围来看覆盖率已经不低。需要明确的是，低保是底线救助，而不是福利。从国际经验看，无特殊情况有劳动能力者且有就业机会者通常不能享受低保。同时，对受益人的确定不仅要看受益人本人的财产和收入，子女等法定赡养

义务人的财产及收入也应一并考虑。针对这一问题，必须加快建立并充分利用跨部门的信息共享机制，对低保对象及法定赡养人的有关金融、住房、纳税等信息进行核查比对。对已经纳入低保的救助对象，实行定期动态核查，不符合享受条件的，“应退尽退”。鼓励公众和社会组织对社会救助的实施过程进行监督，保证公开、透明。由此适当控制低保的覆盖面，新增投入主要用于提高保障标准，对真正困难的家庭实现充分保障。

（四）逐步统一城乡最低生活保障标准

目前，城乡最低生活保障标准有较大差距。全国平均来看，2013年农村低保标准只相当于城市低保的54%。低保是以县（市、区）为单位实施的，一个县（市、区）之内，城乡之间实际生活标准基本没有差异。之所以农村低保标准大幅低于城市标准，一般解释是农村居民有农产品的自我供给，难以核查。但实际上不同地区、不同家庭之间农村居民农产品自我供给的程度差别很大，不能再采取简单“一刀切”的办法。建议在同一个县（市、区）范围内，逐步缩小城乡居民最低生活标准差距，对是否有农产品自我供给等纳入收入调查范围。在经济发展水平较高、城乡差距较小的地区，统一城乡低保标准，并逐步推进按常住地而非户籍地申请并享受低保。同时，稳步建立全国统一、标准规范的家计调查方法和内容，夯实最低生活保障的制度基础。

（五）专项救助制度建立独立的救助标准和瞄准机制

除城乡居民最低生活保障制度外，我国目前还有包括医疗救助、教育救助、廉租房保障等在内的各种专项救助。理论上，最低生活保障制度和专项救助有各自的目标和功能。但在实践中，专项救助并没有建立独立的救助标准和瞄准机制，不少项目直接将低保对象作为救助对象，导致低保附加的待遇过多。相比之下，收入刚越过低保标准的家庭则几乎无法享受任何专项救助，导致了所谓的“贫困陷阱”，也导致了争吃低保的现象。建议参照国际上通行做法，对各种专项救助制度建立各自单独的救助标准和瞄准机制，同时，建立最低生活保障与专项救助体系之间的信息联动机制。

（六）鼓励和引导社会力量参与社会救助

随着我国富裕程度的提高和社会组织的发展，社会力量参与社会救助和慈善事业的积极性越来越高，国家应予积极鼓励和引导，这不仅有助于充实社会救助资源，也有利于改善管理、培育互相关爱的良好社会环境。

第一，政府救助的实施需要充分依靠社区和有关社会组织的力量，鼓励其在调查核查、监督实施方面发挥更大的作用。第二，政府要进一步完善对社会力量通过捐赠、设立帮扶项目、创办服务机构、提供志愿服务等方式参与社会救助行为的税收优惠等政策体系。第三，要加强政府救助和社会力量救助的协调和信息共享，减少不必要的重复救助，提高救助效率。

三、关于养老保障制度改革

（一）中长期目标框架

我国现行养老保障制度是以城镇职工养老保险（包括机关事业单位养老保险制度[①]和城镇职工基本养老保险制度）为核心，辅之以近

① 2015 年 1 月国务院发布了《机关事业单位工作人员养老保险制度改革的决定》。

来全面推广的新型农村养老保险和城镇居民养老保险等多形态与制度安排。其中，新型农村养老保险和城镇居民养老保险是一种尚处于起步阶段的、以国家财政支持为基础的制度安排。

鉴于养老保障本质上要平衡代际之间的财富分配关系、平衡个人生命周期中的财富创造和收益分配关系以及不同收入群体之间的收入差异关系，以确保绝大多数老年人的经济安全。就中长期而言，改革的核心仍然是建立一个以工薪劳动者为主体、财务自我平衡为主的养老保险体系。特殊群体的养老问题通过最低生活保障等其他制度安排予以解决。

参照国际上的普遍做法，养老保障制度应选择一个强制性的与本人收入水平挂钩的缴费型支柱、政府支持并主要由雇主发起的年金支柱、个人自愿性储蓄支柱等构成的多支柱体系。

1. 建立尽可能广覆盖的缴费型支柱，引入名义账户制①

缴费型支柱包括针对所有工薪收入者的强制性缴费制度和针对城乡灵活就业人员以收入所得税抵扣激励的自愿性缴费制度。我国现行“统账结合”的城镇职工基本养老保险制度已经实施多年，是否做实个人账户经历了多年争论和实践徘徊。我们认为，缴费型支柱可实施名义账户制改造，按照不同的改造程度有两种方案可供选择。

方案一是维持目前统账结合的制度框架，其中的社会统筹部分体现一定程度的社会共济功能，个人账户更多体现缴费贡献与收益的对

① 名义账户制是一种模仿缴费确定型计划的制度设计，其养老金的待遇支付最终取决于缴费与投资回报之和，缴费全部划入个人终身账户中。但名义账户制的缴费收益率是由政府设定的，或者说是名义上，而不是市场投资收益的真实结果。在一个成熟的制度里，它基本等于制度内缴费工资的增长率。其特点是非常透明、简单、易懂，缴费与未来收益紧密联系起来，对劳动供给和退休决策具有正面的激励作用。它本身不具有再分配性质，但可以引入一些再分配的因素。无论是从增强劳动力市场激励、促进劳动力流动，还是从保证可持续性而言，名义账户制都具有优势。对此，近20年来十多个国家的实践已经有了初步证明。

等。但考虑到近些年做实个人账户面临的转轨成本压力及其他操作中的挑战，个人账户可改为名义账户制，即无论是社会统筹部分还是个人账户部分都采取现收现付制。个人账户部分的缴费收益率由政府管理部门根据工资增长率、物价变动等指标进行精算后确定。这种收益率定义为名义收益率或内部收益率。

方案二是对现有的统账结合体制实施改造，实施全面的个人名义账户制。在操作上，就是把个人和单位缴费全部记入个人账户，个人和单位缴费全部归属账户持有人，资金运行方式仍然是现收现付。为解决社会共济问题，单位缴费部分计入到个人账户时，可一定比例按照社会平均工资计入，一定比例按照实际缴费水平计入。同样，个人账户部分的缴费收益率由政府管理部门根据工资增长率、物价变动等指标进行精算后确定。方案二的优点是管理更加简便，有条件打破城乡和地区分割，便于推进基本养老金的全国统筹。

对于非正规就业人员，应尽可能鼓励其参加缴费型支柱。比如，目前新型农村养老保险和城镇居民养老保险均有政府财政补贴，可在研究测算的基础上进行改造，通过政府补贴鼓励其直接参与到职工养老保险体系，逐步实施统一的制度。一旦进入正规部门，有关缴费及最终待遇水平合并计算。

从刚刚公布的《国务院关于机关事业单位工作人员养老保险制度改革的决定》来看，目前政府选择的是方案一。

2. 加快建立补充型养老支柱

在缴费型支柱基础上，对于工薪劳动者，政府以所得税抵扣方式鼓励雇主为员工建立补充性养老金，即通常所说的企业年金。对于自雇和灵活就业者，国家给予一定的个人所得税免税额度，鼓励个人自愿进行有条件存储和支取的养老储蓄。

（二）近中期需要重点推进的改革

1. 加快实施机关事业单位养老保险制度改革

2015 年 1 月公布的《国务院关于机关事业单位工作人员养老保险制度改革的决定》（后简称《决定》）实现了机关事业单位和企业养老保险制度模式的统一，是我国养老保险制度改革的一个重要突破。下一步关键是要按照《决定》意见加快推进实施，平稳过渡。建立职业年金制度可能是此次改革的一个难点，《决定》表示职业年金的具体办法由人力资源社会保障部、财政部制定，目前尚未出台。我们建议针对不同类型机构，职业年金和企业年金采取不同组织方式。

一是机关和公益一类事业单位均需要建立职业年金，作为法定要求。为降低管理成本，此类机构的职业年金可以不进行实账积累，建议也按名义个人账户记账，明确个人权益，也便于转移接续。职工退休后，所积累权益由当期财政定期支付。职业年金的发放可与公职人员的终身廉洁情况挂钩，未犯重大错误或未发现腐败行为的退休后方可领取。

二是公益二类事业单位的职业年金由单位自愿实施，政府给予税收优惠，特殊类型机构财政可给予补贴。该类职业年金可通过建立个人账户实施实账积累制，国家规定最高缴费比例和最高个人年金总额。所积累的年金采取市场化投资管理体制，委托基金公司进行投资。结合我国事业单位管理体制的实际情况，职业年金可采取按地区、行业或部门发起设立，形成具有规模经济效应的基金管理组织，委托商业投资机构投资运营。在基金公司发育尚不成熟的初期，可考虑暂委托全国社会保障基金进行投资，保证基金安全。

2. 推进基本养老保险制度参数改革，增强制度的可持续性

今年推出的机关事业单位养老保险制度改革是我国养老保险制度

改革的一项重要进展，但此次改革只是实现了机关事业单位养老保险制度与城镇职工基本养老保险制度的并轨，并未对实现并轨后的制度参数进行改革。为了增强制度的可持续性，下一步需要抓紧研究推进改革。关键是要降低基本养老保险目标替代率和缴费率。目前我国城镇职工基本养老保险的替代率为缴费工资的66%，机关事业单位养老金的替代率达到了80% ~90%。这不仅使国家的责任过重，也加大了企业的负担。目前是靠财政补贴才维持了这个制度的正常运行。今后要降低基本养老保险的目标替代率至40% ~50%，同步降低费率，加强制度的可持续性。与此同时，发展企业（职业年金），鼓励享受税收优惠的个人储蓄，提高多支柱的整体替代率。

3. 尽快启动渐进式延迟退休年龄

党的十八届三中全会《决定》明确提出，要研究制定渐进式延迟退休年龄政策。这是应对我国人口结构变化挑战的正确选择。一方面，随着我国人口老龄化的加速，养老金收支平衡压力会越来越大，在此背景下，延迟退休年龄是必然的选择。除特殊工种外，我国目前的法定退休年龄为男性60岁，女性55岁（女工人50岁），且实行的是强制退休制度。从国际范围看，这一退休年龄显著偏低。目前经合组织国家平均法定退休年龄男性为64.65岁，女性63.5岁，2050年大部分国家会达到至少67岁。另一方面，随着人口寿命延长、体质增强以及受教育水平提高，大龄劳动力本身是具备延长工作年限的条件的。经合组织的研究显示，我国的有效退休年龄（即实际退出劳动力市场的年龄）远高于法定退休年龄，2010年男性为66.8岁，女性为62岁。因此，延迟退休年龄也是我国应对人口红利逐步消失、保持经济稳定的重要政策选择。应抓住关键时期和环节，尽快启动。

（1）要彻底清理提前退休问题

政策上须主要解决两个问题：一是修订关于特殊工种的规定。我国目前仍在使用经原劳动部和国家行业主管部门1958～1997年期间审批的1856个特殊工种标准。随着科技进步和工作条件的改善，有些标准已经不适用，特殊工种的范围应当缩小。二是关于提前退休的养老金计发办法。2000年劳动和社会保障部曾规定过每提前一年退休减发2%的养老金，但2005年又取消了这一规定。今后在制订延长退休年龄的政策中，应重新考虑实施此类弹性退休规定。这对抑制提前退休会起明显的作用。对于提前退休，之后又继续工作的劳动者，继续工作的年限应从提前退休年数中予以扣除。并建议特殊工种的优待由允许提前退休改为根据从事特殊工种的年限不同程度提高养老金待遇，法定退休年龄则与其他职工保持一致，允许弹性退休，提前退休则根据提前年限减发养老金，保证总体的优待较以前不降低。这可以给特殊工种职工更大的选择权和工作激励。

（2）突出渐进式特点

从国际经验看，提高退休年龄是一个十分漫长的过程。鉴于我国退休年龄过低、老龄化压力较大，且政策方案公布后一般都需要留出一定的等待期，必须突出渐进式特点，宜尽快启动。如果从2015年开始实施的话，男性退休年龄每年延迟3个月，女性每年延迟6个月，到2035年可以同步将退休年龄延迟到65岁，女工人须到2045年延迟到65岁。这样一种调整幅度无论对劳动者个人还是整个劳动力市场的影响都不会太大。比如2015年启动，1955年出生的男性，退休年龄为60岁零3个月；1956年出生的人则为60岁零6个月，以此类推。这样晚出生者只比上一年出生者推迟退休3个月，既可维持相近年份出生者的心理平衡，也可减少对当期就业者的不利影响。同时，实施弹性退休政策，明确延迟的是全额领取养老金的年龄，而非强制性退休年龄。因家庭、个人因素确需提前退休者，可以退休，但养老金水平要适度扣减。一定时期后如果重新就业，权益仍可继续积累，给劳动者以选择的权利。

（3）加强对大龄劳动力的在职培训和就业服务

延迟退休年龄的进程启动以后，为了使劳动者今后在临近退休的几年中能够适应和胜任工作，要提前加强对他们的职业培训，重点关注50岁以上的劳动者。政府要以多种方式加强对员工特别是保持对大龄劳动力的能力培训，并为更换工作的大龄劳动者提供更好、更细致的就业服务，保障他们顺利再就业。

四、关于医疗保障制度改革

（一）中长期目标框架

疾病是难以预测的风险，重大疾病会给家庭带来沉重的经济负担甚至灾难，是社会保险制度中最需要共济的项目。“按能力缴费，按需要享受”是许多发达国家医疗保障制度的基本理念。当然，“按需要享受”要限定在一定诊疗范围和药品目录内。按照这一原则，长期来看，我国当前的城镇职工基本医疗保险、新农合和城镇居民医疗保险最终应整合为一个制度，所有参保者按能力缴费，享受同样待遇。

（二）近中期需要重点推进的改革

1. 突出保基本，控制医保目录，加快推进分级诊疗

随着我国人口老龄化的加速，加上人们对健康追求的提升以及医疗技术的快速进步，医疗费用的上涨压力将会越来越大。考虑到我国整体经济能力还有限，且基本医疗卫生服务的成本效益更高，因此，必须突出保基本，并落实到医疗保障制度的各个方面。一是要控制好诊疗范围和药品目录，不随意扩大，新纳入目录的药品和诊疗手段要经过充分的卫生经济学评价，以费用效果比最优为选择。二是要加快推进分级诊疗，在稳步提升基层服务能力和水平的同时，提高基层机构的报销比例，拉开与二三级医疗机构的差距，利用经济杠杆引导患者利用基层服务。三是要逐步引入强制性双向转诊制度。需要采取综合性措施，让公众逐步形成接受公共服务就必须服从一定条件限制的意识。

2. 加快推进医疗保险制度的整合

近期要加快两个方面的制度整合。

一是整合新农合与城镇居民医疗保险，建立统一的城乡居民基本医疗保险制度。实现统一药品目录、统一诊疗范围、统一缴费标准、统一待遇水平、统一基金管理、统一信息系统。新农合和城镇居民医保在筹资水平、筹资方式以及保障方式等方面都基本一致，整合的条件总体具备。制度整合可以大幅度降低管理成本，避免重复参保，也可以保证城乡居民医疗待遇的长期公平性。这几年地方已经有了不少探索实践，当前急需中央层面提出指导意见，加快整合。

二是要取消公费医疗制度，并入城镇职工医保。目前公费医疗制度主要在中央国家机关以及部分省级政府机构实行，建议近年内取消公费医疗制度，机关职工全部纳入属地城镇职工医保，由个人和单位共同缴费。在此基础上可以建立补充医疗保险或医疗补助制度，基本原则是使有关政府机构职工的医疗待遇不下降。

中长期来看，需要稳步推进城乡居民医疗保险与城镇职工医疗保险的整合，整合路径大致有以下三种。

第一种路径："基本＋补充"。以整合后的城乡居民医疗保险为基准，建立覆盖全部人口的基本医疗保险，在最基本保障层面上实现统一，诊疗范围、药品目录、报销待遇等完全一致。为了保证城镇职工现有待遇水平不降低，在此基础上，各人群分行业分地区参加不同类型的补充医疗保障。今后随着经济发展，逐步提高基本医疗保险的待遇水平，直至不再需要补充医疗保险，最终实现所有人群待遇的统一。广东东莞等地探索了这一路径的改革，取得了较为明显的成效，建议对其实施情况进行研究总结。

第二种路径："自然过渡"。随着工业化和城镇化的进一步推进，凡从事非农就业的人群均强制参加城镇职工医疗保险，这样参加职工医保的人群逐渐扩大，城乡居民医保的参保的人群逐渐减少。随城市化和工业化推进，可最终实现一个制度覆盖全部人口。

第三种路径："保本人＋保家属"。当前我国城镇职工医保是以个人为单位参保，建议按照国际通行做法，实施本人连带家属参保。具体做法可以是通过取消个人账户，财政再适当补贴（实际上是对城镇居民医保参保补贴的转移），实现以家庭为单位缴费参保。这样，二三产业正规部门就业人员及其家属基本都能纳入调整后的职工医保。其他城乡居民可继续保留在城乡居民医保中。对此，可通过逐渐提高筹资标准等方式，促进其待遇水平与职工医保逐步一致。

上述三种路径可由各地区根据各自的人口构成、城镇化水平、制度间差距等实际情况，选择一种实施。但目标都是要最终实现所有人群享有同等的医疗保障待遇。

3. 改革医保筹资机制

形成一个责任分担合理的、制度化的筹资机制是保证医保可持续的重要条件。未来一个时期，建议推进以下三方面的改革。

（1）取消职工医保的个人账户，实施门诊统筹

一方面，个人账户本身不符合医疗保险的共济原则。另外，一个

更为现实的问题是，当前部分地区的城镇职工医保统筹基金已经开始出现亏空，同时，个人账户资金又有大量结余。即使已经支出的个人账户基金，利用效率也很低，购买日常用品甚至其他套用问题普遍存在。因此，建议取消职工医保的个人账户。已经划入个人账户的缴费可鼓励其为家属缴纳相关医保费用或购买商业医疗保险。未来，取消个人账户，单位和个人缴费费率不变，按适当比例分别划入门诊统筹和住院统筹基金。

（2）探索实施退休人员缴费

退休人员同样缴纳医疗保险费是实行社会医疗保险国家的普遍做法。目前我国城镇职工医保中，退休人员不用缴费，不符合医疗保险“按能力缴费、按需要享受”的公平原则。而且这一规定也导致少数人群退休前突击参保的现象，对部分地区的医保基金带来较大压力。随着我国人口老龄化的深化，医保基金支出压力会越来越大。需要着手研究退休人员缴费的政策，实行“老人老办法，新人新办法”。对已退休人员，可适当增加养老金，保障他们在缴纳医疗保险费后收入水平不下降；今后（或在设定的一个时间点后）新退休人员，按新政策正常缴费。

（3）建立制度化的城乡居民医保筹资机制

我国目前的城乡居民医保筹资，无论是个人缴费还是财政补贴，没有一个制度化的调整机制，长期来看不利于制度的可持续发展。中长期来看，城乡居民医保需要参照城镇职工医保，按参保人收入的一定比例确定筹资标准（包括个人缴费和财政补贴）。在当前我国的收入核查能力下，可能还做不到按个人（家庭）收入一定比例征收保费，但应该往这个方向发展。目前可以尝试按地区城乡居民可支配收入的一定比例向参保人征收同样额度的保费和匹配财政补贴，逐步形成一个制度化的筹资机制。工业化和城镇化水平较高的地区，城乡居民也可以统一按城镇职工社会平均工资的一定比例缴费。

4. 提升医保统筹层次

城镇职工医保的统筹层次目前一般都在地市层级甚至县（市、区）层级，建议提高到省级。城乡居民医保的统筹层次目前一般都在县（市、区）层级，建议尽快提高到地市级，并在省级范围实现缴费标准、待遇水平、诊疗范围、药品目录、信息系统、管理流程等方面的统一。

无论是职工医保还是城乡居民医保，都需要推进全国（全省）联网即时结算或统筹单位间定期结算，尽快解决异地看病报销难的问题。同时，要允许非本地户籍的常住非就业人口参加当地的城镇居民医保或新农合，户籍地的财政补贴要允许携带，尽量减少异地就医的发生。

5. 整合医保管理经办体制

目前，新农合主要由卫生行政部门管理，城镇职工医保、居民医保由人社部门管理。这种分散的管理体制无法形成单一的支付方，管理成本很高，已经不适应医保发展的要求，建议按照党的十八届三中全会《决定》要求，尽快统一管理体制。总体上，由于医疗保险待遇是非现金待遇，涉及筹资、目录制订、偿付、服务监管等多个环节，有独特的管理规律且技术要求高。因此，无论管理经办归口哪个部门，都需成立相对独立的医疗保险局。可供选择的改革方案有以下三种。

一是在人社部门下成立医疗保险局（二级局），统一管理所有医保业务。这个方案的优点是管理经办体制尤其是人员队伍不需要有大的调整，缺点是容易相互推诿、难以问责。管基金的认为没有能力管理服务系统，管服务系统的认为没有管理医疗机构的经济手段。

二是成立独立的医疗保险局，直属同级政府管理。为便于管理，可由相关政府部门组成理事会，进行政策协调。这个方案的优点是医保管理机构相对独立，可避免部门纷争，但仍可能存在出现问题相互推诿、难以问责的情况。

三是在卫生行政部门下成立医疗保险局（二级局），统一管理所有医保业务。卫生行政部门同时管理医疗机构和医疗保险，因此这个方案的优点是在医药费用出现较快上涨时比较容易问责，有利于控制医药费用。我们推荐采用此方案。

上述三种整合方案无论采用哪种，我们都建议在决策和管理中引入雇主、参保者、公众代表等利益相关者参加，以改善治理。

6. 改进医疗保险管理

医疗保险管理直接影响到医疗保障的效果和基金安全。近期，建议探索实施以下四个方面的改革。

（1）探索实行个人自付的最高限额

目前大多数地区的医保设置的是报销的最高限额，超出后不再予以报销。虽然报销最高限额在不断提高，但当发生重大疾病时，巨额的个人自付还是会对家庭带来经济灾难。在医保基金结余较多的地区，可以探索实行个人自付的最高限额，即年度（或一定周期）内，在规定的药品和诊疗服务目录内，自付金额达到一定额度后，个人无须再承担费用。这也是很多实行社会医疗保险国家的普遍做法。

（2）改革支付方式，在保障患者权益不受损的情况下严格控制医药费用

长期以来按服务项目付费的办法与过度服务关系密切，按诊断相关组（DRG_S）付费和总额预付相结合是改革方向。但在改革过程中也需要注意一些新的问题。如部分地区实施“总额预付”后，部分医

院在用完额度后可能会拒收或推诿病人。今后，要在完善筹资体制的基础上逐步加以改进，在保障患者权益的基础上严格控制医药费用。同时，还要通过提高信息化水平等综合性手段，防范参保者和医疗机构的骗保问题。

（3）提升医疗保险管理的信息化水平

医疗保险信息化水平的提高不仅方便患者，更重要的是能提高监管能力，也能为决策提供更加翔实的证据。当前需要改进提高的地方包括：尽量搜集能够获得的所有信息，避免有些医保管理部门只搜集医保目录内的费用信息；改进实现医保信息系统与医院信息系统的连接，实现医保管理部门能够实时获得医院信息系统的所有信息；充分利用有关数据信息，实现对服务系统处方行为、诊疗行为的监控。此外，要稳步推进服务系统有关诊疗信息的公开透明，使消费者享有更多知情权和选择权。

（4）同步推进医疗服务体系改革

上述完善医保管理的举措有助于控制医药费用，保障参保者权益，但在医疗服务机构的激励机制没有理顺、行为目标存在大量扭曲的情况下，很难实现有效管理。因此，非常重要的是要同步推进医疗服务体系改革，保障对医疗机构的应有投入，理顺医疗服务价格体系，改革药品采购，改革医务人员的薪酬激励制度，尽可能实现医院与患者、医院与医疗保障系统利益的一致。

7. 促进商业医疗保险健康发展，形成多层次的医疗保障体系

发展商业医疗保险有助于形成多层次的医疗保障体系。我国商业医疗保险发展水平仍很低，原因主要包括：商业保险难以对医疗服务系统形成约束，难以控制成本；主要面向个人的保险营销模式成本过高；定额的偿付模式保障功能不足，对公众缺乏吸引力。当前，我国劳动年龄人口开始减少，雇主需要更多用额外福利来留住人才，这为商业医疗保险等补充保障的发展提供了机遇。除国务院已经出台的政策外，建议再从以下两个方面加以促进。

一是鼓励企业等单位团体购买商业医疗保险。这一方面能为投保人形成团购力量，降低成本；另一方面也能降低保险公司的销售成本，取得共赢。

二是鼓励保险公司和医院建立更加紧密的联系。比如鼓励保险公司直接举办医疗服务机构，或者保险公司和医疗服务机构互相持股，通过利益共赢的制度安排促进商业医疗保险公司和服务机构有效配合协作。

五、关于生育保险及生育服务相关制度改革

生育保险制度有两项功能，一是承担生育医疗费用，保障与生育有关的健康服务；二是支付生育津贴，保障女性生育期间的收入和重返就业岗位。当前，我国的生育保险制度仅覆盖了1.6亿多城镇职工，覆盖面明显偏小。其他人群的生育费用则由新农合、城镇居民医保以及农村孕产妇住院分娩补助项目分担。但是，受制度不统一等影响，不同群体以及城乡、区域之间在报销目录和报销标准上存在较大差距，仍有相当一部分人特别是流动人口和计划外生育人群难以得到包括孕前检查、孕期保健、住院分娩、新生儿计划免疫与疾病筛查、产后服务等在内的全过程系统服务。

安全可及的全过程基本生育服务是成本效益最高的卫生服务项目之一，能够进一步降低孕产妇死亡率及婴儿死亡率，全面提升国民预期寿命和健康素质，具有重大的政治和社会意义。建议在调整生育保

险制度等生育服务相关制度的基础上，面向全民提供全过程的免费基本生育服务，具体建议如下。

1. 剥离生育保险制度中的生育医疗费用统筹功能，纳入医疗保险制度

把作为医疗服务的相关生育服务纳入医疗保障是国际上普遍的做法，不仅便于管理，也便于普及和实现均等化。建议剥离生育保险制度中的医疗服务费用统筹功能，纳入医疗保险制度。经测算后，生育保险的部分缴费转入职工医疗保险基金。生育保险制度仅保留生育津贴等非医疗费用的统筹功能。

2. 将基本生育服务明确为公共卫生服务，免费提供

为了实现服务充分可及和均等，建议将孕前检查、孕期保健、住院分娩、新生儿计划免疫与疾病筛查、产后服务等在内的全过程生育服务明确为公共卫生服务，确定标准化化的服务路径和标准，免费向全民提供。

3. 整合现有资金并新增部分财政投入，设立专项生育服务基金

在生育服务相关的医疗费用纳入医疗保险的基础上，可进一步考虑整合现有妇幼保健服务投入、生育保险及三项医保中用于生育医疗服务的相关资金，设立专项生育服务基金。不足部分主要通过增加财政投入解决。以2013年为基准初步测算，提供上述免费基本生育服务的总资金需求在620亿~700亿元之间，各项现有制度和项目已经投入的资金至少有400亿元，需要新增投入约200亿~300亿元。

4. 强化生育保险制度的收入和就业保障功能

生育保险制度的生育医疗费用统筹功能剥离后，对其收入和就业保障功能应予以强化。一是要扩大覆盖面，争取覆盖所有城镇就业人口；二是可以探索强制性产假和灵活工时制相结合的制度，并使用生育保险基金为劳动者提供儿童抚育方面的支持；三是完善部分地区的已经开始实施的男性育儿假制度并向全国推广，用生育保险基金予以支持。

六、需要推进的其他改革

（一）取消或调整失业保险制度

我国失业保险制度面临两个值得关注的突出问题。

一是失业保险的目标人群是正规部门的职工，在很大程度上是劳动力市场中相对强势的群体，相比之下，真正需要帮助的弱势群体很难被这一制度覆盖，也难以享受有关待遇。简而言之，其一直没能真正发挥促进弱势群体就业的功能，国家也不得不在失业保险体系之外以公共财政筹资为主建立就业促进和服务体系。

二是近些年来，随着经济高速增长加上人口结构变化，我国长期保持较低的失业水平，尤其是失业保险的参保人较少，因此，失业保险基金有大量盈余。目前的做法是将部分基金用于就业培训和其他目的，即使这样仍然有大量结余，近几年的全部支出不到当期保险费收入的一半。鉴于这种现实，建议取消失业保险，把失业保险的有关促进就业的和生活救助功能分别由公共就业服务体系和社会救助制度承担。有不少国家已经实施了这样的改革。如果考虑到这样的改革步伐太大，可暂时保留失业保险，但缩短待遇给付期，同时降低缴费率，再根据未来发展情况进行取舍。

（二）取消强制性的住房公积金制度

目前，我国的住房公积金实际回报率是负的，不能起到保障作用，而且存在严重的逆向转移支付。建议取消强制性的住房公积金制度。替代性的制度安排是，对于正规就业者和中高收入者，国家鼓励用人单位发放住房补贴和鼓励商业银行对首套住房贷款实行优惠利率或者财政贴息。如果企业仍然自愿缴纳公积金，国家可以给予一定的免税额度。对于低收入者，可进一步完善廉租房、公租房等实物保障体系。

（三）建立制度化的社会保障待遇调整机制

目前，我国的社会保障项目都未建立起制度化的待遇调整机制，这既不利于保障对象的权益保障，也不利于各种社会保障项目财务上的可持续。因此，需要推进建立制度化的社会保障待遇调整机制。

（1）关于社会救助制度待遇

低保等社会救助待遇需要根据真实的生活成本定期进行调整，保障救助对象的基本生活。但要避免社会救助内容的不断扩大和叠加，不仅会造成“贫困陷阱”，也不利于鼓励救助对象寻求就业。

（2）关于养老保险待遇

在确定了适宜的替代率的基础上，基本养老保险待遇需要建立起一种指数化的待遇调整机制，指数主要与工资增长率挂钩，并在精算的基础上确定每年的待遇调整幅度。这种待遇调整机制正是名义账户制的核心要素之一。

（3）关于医疗保险待遇

医疗保险待遇是非现金待遇，待遇调整机制比养老保险复杂。医疗保险待遇调整既可以调整诊疗范围和药品目录，也可以调整报销比例。总体而言，待遇调整节奏要与经济发展水平和医疗保险基金的可持续相适应。理想目标是既要保证参保者不因疾病陷入经济困境，同时又要防止医疗服务被滥用。前者要求个人自付特别是得重大疾病时的自付比例不能太高，后者要求保持一定比例的个人现金自付，以抑制过度需求。医疗保险待遇水平一般不需要每年做调整，宜在一个时期内保持稳定。

（四）提升各个层面的管理水平

社会保障制度体系的完善既涉及模式和保障重点选择，又涉及政治目标、社会目标以及经济目标之间的平衡，也需要精细化管理各种具体政策。在明确大的改革方向的前提下，充分利用现代化信息技术手段，充分运用国内外好的经验和做法，不断完善各种管理制度和管理措施，提升管理水平和服务效率，应当成为下一步改革的重点任务。

执笔人：葛延风　王列军

专题八

我国社会养老服务体系建设存在的问题与调整建议

我国正面临日益加重的老龄化形势，但社会养老服务体系建设刚刚起步，还存在诸多问题，主要表现在：养老机构床位建设目标偏高，养老机构建设“贪大求全”；“补供方”的投入方式及偏低的定价加剧了老年人对养老机构的依赖；服务对象评估标准缺失造成养老服务被系统性“滥用”；养老服务人员队伍建设严重滞后等。有鉴于此，本专题从提高对社会养老服务体系作用的认识、完善定价机制和筹资方式、加强人员队伍建设等方面提出了政策建议。

我国老龄化正处于持续快速增长阶段，社会养老服务的需求明显增加。2011 年相继发布的《中国老龄事业发展“十二五”规划纲要》（以下简称《发展纲要》）及《社会养老服务体系建设规划（2011 ~ 2015）》（以下简称《建设规划》），初步确定了社会养老服务体系建设的政策框架。2013 年以来，国务院又先后发布了《关于加快发展养老服务业的若干意见》（以下简称“35 号文”）和《关于促进健康服务业发展的若干意见》及一系列配套文件，为健康、养老服务业的快速发展提供了很好的政策环境，民间资本投入健康养老产业的热情空前高涨，养老服务体系建设成效显著。然而，在体系快速建设过程中，也存在一些问题，值得深入思考。

一、社会养老服务体系建设存在的问题

（一）过度依赖机构养老服务，养老床位建设标准偏高

《建设规划》提出“到2015年每千名老年人拥有养老床位数达到30张”的建设目标，35号文又进一步将2020年的建设目标提高为每千名老年人35～40张床位。但我们认为，这一目标值得商榷。

OECD数据表明[①]，澳大利亚、英国、法国、美国等每千名65岁及以上老年人拥有床位数是40～60张，东亚国家和地区普遍较低，在20～25张之间[②]。简单从数字上进行比较，我国每千名老人30张床位的标准已经超过了与我们文化传统类似的东亚国家和地区。但一个不容忽视的关键问题是，我国界定老年人的标准是达到或超过60岁，而上述国家和地区的标准都是65岁及以上。如果按照65岁来界定，我国实际的建设目标是到2015年每千名老年人44.8张[③]，2020年达到52.3～59.7张，已经接近西方发达国家的水平，并远远超过东亚国家和地区水平。我国历来尊崇孝道，注重家庭养老，机构养老床位数理应接近东亚和南欧国家水平。但出于社会投资、释放更多劳动力的考虑，适当提高床位建设标准也比较合理。但要在短短5～10年时间内，

① OECD Health Data：Long－term care resources and utilization. http：//stats. oecd. org/OECDStat_ Metadata/ShowMetadata. ashx？ Dataset = HEALTH_ LTCR&ShowOnWeb = true&Lang = en

② 2010年日本和韩国分别为24.3张、21.8张，我国台湾地区2012年为22.83张。

③ 按照2010年第六次人口普查中60岁及65岁老年人口的比例简单推算获得。

从传统家庭养老迅速过渡到依赖机构，未免有些操之过急。

（二）养老机构不合理扩张，居家养老和社区养老仍旧严重滞后

近年来，养老机构“一床难求”成为公众关注的焦点，地方政府对此问题的直接回应是增加床位供给。同时，《建设规划》在机构养老方面提出了“每千名老人30张养老床位”的量化目标，进一步将地方政府的工作重心导向养老机构建设。政府除直接投资或举债（如申请世界银行贷款）改建、扩建公办养老机构外，还通过一次性建设补贴、运行补贴、贴息贷款等方式支持民间力量开办养老机构。养老机构规模越建越大，1000～2000张床位非常普遍，有些甚至达到5000张至上万张。同时，由于市区用地紧张、成本高等原因，大型养老机构往往只能在郊区选点，带来机构封闭、隔离、交通不便等问题，不少扩建后的养老机构出现床位空置现象。

然而，养老机构“一床难求”这一现象本身是个“伪命题”，以此作为加强养老机构建设的依据则难免有失偏颇。事实上，“一床难求”现象仅为少数条件优越的公办养老机构或城市中心区养老机构特有的问题，但经民意代表和公共传媒夸大为普遍问题。很多农村养老机构和城市郊区的养老机构床位还存在大量空置现象，整体年平均床位利用率仅为60%，近两年新建的大型养老机构空置率更高。

与此同时，在《建设规划》中被定位为“基础”和“依托”、要承担96%社会养老职能的居家养老和社区养老的发展仍严重滞后，不能为老年人生活提供必要的支持。其原因包括：大规模拆迁和改造破坏了城市原有小区的整体结构，将“熟人社会”变成了“陌生人社会”，邻里之间关系淡漠，社区公益组织失去了发展的土壤；房地产开发商受利益驱动，在小区规划中没有为公益性设施预留空间，使得

小区居民缺乏公共活动空间；居家养老和社区养老服务本身缺乏成熟模式，各地均处在探索和示范阶段，覆盖范围窄，且缺乏专业护理人员，服务内容非常有限。此外，居家和社区养老支持作用不足，也使得大批老人不得不涌向养老机构，进一步加剧了养老机构床位的紧张。

（三）“补供方”的投入方式会加剧老年人对养老机构的依赖

在养老服务领域，政府的财政投入一直是“补供方”，主要体现在：政府直接投入建设城市社会福利机构和乡镇敬老院，城市“三无”对象和农村五保老人免费入住福利院和敬老院，其他老人自费入住公办养老机构；政府对符合条件的民办养老院提供一次性建设补贴和/或运营补贴，“三无”老人和五保老人入住民办养老院的费用由政府承担，其他老人入住费用自行负担；政府出资建设社区养老服务设施，直接聘请社区养老护理员和居家养老护理员，以免费或者象征性收费的方式为符合救助对象的老年人提供养老服务，或出资购买社会组织或家政公司的劳务为特定老年群体提供养老服务。

（四）养老服务定价机制不合理，不利于产业的健康发展

在养老机构层面，公办养老机构享受政府补贴，其服务性质也被定义为公益性，采用了低于成本的定价方式，使得公办养老机构的服务成为“性价比”非常高的稀缺产品。实地调查中有专家反映，在杭州公办养老机构的院民，花 1 元钱可以享受价值 3 元钱的服务；而在上海，花 1 元钱可以享受到价值 6 元钱的服务。定价机制不合理，一方面造成老年人大量涌入公办养老机构，加剧公共资源紧张，甚至滋生了腐败、寻租问题，另一方面也挤占了民办养老机构的生存空间，不利于民办养老机构的健康发展。

在社区养老和居家养老层面，为了提高相关服务的利用率，扩大服务的影响力，很多街道或社区的日间照料中心、老年人活动中心等采取了放低入住门槛、压低收费标准的方式，仅象征性地收取费用。这同样不利于社区养老服务和居家养老服务的长期、可持续发展。

（五）服务对象评估标准缺失，造成养老服务被系统性“滥用”

在我国，养老服务的对象主要是以人群、年龄和收入状况来界定，相应的需要评估还基本处于空白状态。城乡社会福利机构传统对象分别为“三无”老人和五保老人，不管健康状况和自理能力如何，只要年满60周岁即可以入住养老机构。

建国初期，超过60周岁的服务对象一般就是年老体衰不能自理者，以此年龄界定服务对象既合理又简便。但是，在人均寿命大幅度提高以后，目前满60周岁的老人大多能够自理，也不愿入住敬老院。个别农村地区为了追求“五保”老人集中供养率，甚至出现强制老人入住的现象。机构入住标准的缺失造成当前养老机构入住对象中自理老人占80%左右，但大量失能、半失能老人因为没有门路或支付能力不足而被排斥在养老机构之外。

尽管近年来有少数地区（如杭州）制定了养老机构或社区养老服务的需求评估办法，但在当前养老服务优质资源严重短缺、入住老人信息不公开的情况下，需求评估往往难以执行。

（六）专业化人员队伍建设亟待加强

养老护理员的社会地位低，收入待遇差，缺少职业上升空间，人员稳定性差。不少养老机构和社区养老服务设施因人手短缺，无法提供专业照料，因而出现只招收自理老人的情况。农村地区养老服务专业化程度更低，很多乡镇敬老院没有专门的护理人员，仅有少量管理人员，日常生活仍以老人间的自助和互助为主。医护人员、社会工作者、康复理疗师、营养师、心理咨询师等专业技术人员更为短缺，造成机构和社区配备的康复健身器材大都闲置。

二、主要发达经济体养老服务体系发展的基本趋势

欧、美、日等老龄化先发国家和地区已经形成了比较完善的社会养老服务体系，现阶段的研究主要集中在如何加强质量监管、对比不同投入方式资金使用效率等中观或微观管理层面，而不是模式选择、体系建设方向、政府责任界定等相对宏观的问题，这是与我国当前养老服务问题研究最大的不同。尽管如此，从这些国家养老服务体系经历的发展历程、当前服务体系的整体架构、面临的挑战及正在进行的改革探索中，仍旧能给我国社会养老服务体系的发展提供有益的借鉴。

（一）以居家社区为基础的整体架构

国际上，养老服务主要分为机构照料（Residential Care）和居家照料（Domiciliary Care）两大类。研究表明，居家养老的成本效益高于机构养老。1982 年联合国批准的《维也纳老龄问题国际行动计划》中开始强调“应设法使年长者能够尽量在自己家里居住和在社区独立生活”。当前，“Aging in place”，即“就地安养”已经成为各国养老服务的主导性思路。各国纷纷采取措施，通过改善人群健康，提高家庭和社区等院外照顾水平等方式，尽量推迟老人入住养老机构的时

间。不少国家把补贴发给老年人个人，鼓励老年人自己选择养老方式，甚至可以雇用亲属提供照料。英国养老机构调查发现，1990 年社区照顾法律通过以来，入住养老机构的老人主要集中在高龄和生活不能自理的人群上①。

（二）服务提供以社会力量为主

养老服务属于社会服务（Social Care）的一项重要内容，各国政府都在这一领域承担着重要责任，主要体现在制定政策、资格准入、质量监管等方面，但在服务提供主体方面，则主要是社会力量为主，老年服务机构由营利性或者非营利性的非政府组织为主来举办。澳大利亚非政府组织是澳大利亚老年服务和照料的主要提供者，私立营利性公司主要举办高成本的护理院，私立非营利性组织，主要是宗教、慈善和社区组织举办老年公寓和部分社区服务机构。日本养老机构以民营为主，2008 年，日本共有老年福利机构 4.3 万家，其中政府经营的只有 3700 家，民营的近 4 万家。此外，除各类营利性和非营利性机构外，大多数国家还积极发展志愿者队伍，为老年人提供正式和非正式的照料服务。即使是在一贯以高福利著称的欧洲国家，“社会福利社会化”也已经成为各国的普遍共识。

（三）以“补需方”为主的投入方式

发达经济体对养老服务的投入主要采取“补需方”的形式。包括两种主要方式，一是直接向社会组织购买服务并提供给老年人，二是直接向老年人提供补贴（Direct Payment），鼓励老年人自主选择服务

① 张秋霞、宋培军等，《加拿大养老保障制度》，中国社会出版社 2010 年版。

方式。近年来第二种方式越来越受欢迎，其优点在于既可以控制费用，又可以增加老年人的自主选择权。意大利等国甚至规定老年人可以用获得的补贴直接雇佣家庭成员提供照料，但英国等大多数国家目前还只允许老年人购买社会组织提供的正式服务。

（四）有严格的养老服务需求评估制度

大多数国家对养老服务实行分级管理，机构养老服务的护理等级是最高的，老年人在申请养老服务之前都需要经过健康状况评估和收入状况调查。基本程序是使用者向相关机构提出申请，由专业机构对申请者的健康状况和收入状况等进行评估和审核，对符合要求的申请者划定护理等级、制定护理计划，再分送至不同类型的养老机构或享受不同类型的护理服务。

（五）有相对稳定的筹资渠道

国际上较早进入老龄化的国家，都已经形成了相对完善的养老服务筹资模式，且从筹资来源上看，公共筹资占据较大份额。主要包括以下三种方式。

一是以国家税收为主的模式。如瑞典等北欧国家养老服务是税收筹资，需要照料的老年人可以申请政府补贴来支付照料费用。

二是社会保险模式，德国、日本、韩国等相继建立了长期护理保险制度，新加坡针对严重残疾老年人的低费保险项目——老年保障计划（Elder Shield）等，实质上也是一种护理保险制度。老年人享受的各类养老服务都由长期护理保险支付。

三是商业保险模式，尽管美国的公共医疗补助制度（Medicaid）为老年人的长期护理服务提供部分支持，还有大量商业保险机构和医疗计划都为老年人的院外康复、长期照料等提供支持。

（六）将预防老化作为重要政策目标

随着老龄化对经济社会发展影响程度的加深，各国逐步认识到，仅关注老年照料问题是一种被动、消极的应对方式。老龄相关政策应该朝着更加积极的方向去发展。近年来，在各国的老龄战略中，都把预防老化作为重要内容。如日本于2006年修改《介护保险法》，新增了“介护预防”的保险事项，规定为接受老化预防与老年康复服务的高龄者支付保险费，增设了居家养老介护预防服务和地区亲密性介护预防服务，并配备了专业的康复设备。英国《共同创造照料服务的美好未来》白皮书中，将关注和预防老化作为第一条原则。

（七）同样面临护理人员短缺、财力不足等问题

主要发达经济体养老服务体系也面临一些问题：①养老服务人员短缺。养老护理岗位缺乏吸引力，养老护理员总量不足、以女性为主、年龄偏大、外来人口（移民）占较大比例等问题普遍存在；②部分国家受2008年经济危机影响，政府财政压力不断增加，正逐步调整政府职能、鼓励家庭和个人承担更多责任。

三、调整社会养老服务体系建设规划和改革的建议

（一）提高对社会养老服务体系在经济和社会发展中作用的认识

社会养老服务是一种投资性的社会支出，对经济和社会发展有重大影响。

首先，社会化的养老服务能够释放劳动力资源。照顾年迈的父母

是子女们必须承担的责任，如果有了完善的社会养老服务体系，失能、半失能老年人及其家庭都得到了较好的社会帮助，子女们没有后顾之忧，可以更好地参与到经济和社会活动中，能够释放出大批劳动力。

其次，养老服务本身也可以创造就业，拉动经济增长。一方面，养老服务是典型的劳动密集型行业，能够吸纳大量就业。另一方面，养老服务相关产品的研发、老年消费品市场的繁荣，本身也会对经济发展做出积极贡献。

最后，完善的养老服务可以解除人们的后顾之忧，减少不必要的预防型储蓄，拉动消费需求。

（二）坚持落实“以居家为基础、社区为依托、机构为支撑”的原则，加快住宅、社区的适老化改造

我国已经确立了“以居家为基础、社区为依托、机构为支撑”的社会养老服务格局，这是符合国际上“就地安养”的基本理念的。但由于当前体系建设总体上处于补欠账阶段，媒体的宣传引导又夸大了床位短缺的程度，造成目前体系建设重点主要在机构建设上，且有“贪大求全”的趋势。这一点必须尽快纠正，必须慎建、缓建大型养老机构，全面加强居家养老和社区养老服务建设。借鉴日本等国经验，发展贴近社区的养老服务设施，让老年人尽可能留在熟悉的环境中，也为家属及时探望、照料老年人提供便利。同时，在条件许可的情况下，尽快调整理念，强化预防和康复，增进老年人健康，尽可能减少对长期照料服务的依赖。

创造适合老年人生活的宜居环境，是鼓励、支持老年人独立生活的重要措施。在新建小区的规划中，要充分考虑老年人的需要，提前做好规划。更为重要的是要积极对城市现有老旧小区进行适老化改

造，满足现有老人的实际需要。目前，对老旧小区的楼房加装电梯、在各类公共场所进行无障碍设施改造，在技术上都不存在太大难度，实践中矛盾的焦点往往集中在改造费用由谁承担方面。有鉴于此，政府应当尽快承当责任，建立专项资金，加快各项适老化改造工作的进程。

（三）建立稳定的社会养老服务筹资机制

当前我国老年人仍然以“自费养老”为主，老年人支付能力差是制约整个养老服务产业发展的重要因素。政府直接投资建设养老机构的传统模式远不能适应老龄化快速发展的需要，必须尽快建立科学有效的公共筹资机制，为社会养老服务体系健康发展提供资金支持。主要发达经济体养老服务筹资的方式包括税收筹资、社会保险、商业保险三大类。考虑我国当前的现实，近期可以考虑仍以税收筹资为主，将养老服务经费纳入财政专项预算，但应尽快将当前以“补供方”为主的投入方式转为“补需方”，采取政府购买服务或直接提供护理补贴的方式，为经济困难老年人提供基本养老服务，引导和鼓励社会组织提供基本服务。中远期可充分借鉴日本、德国经验，积极研究探索建立适合我国国情的长期照料保险制度。

（四）尽快建立养老服务需求评估制度实施细则

在社会养老服务资源严重短缺的背景下，应尽快将社会养老服务体系的服务对象尽快聚焦为失能、半失能等最脆弱的老人群体，因此养老服务需求评估是一项基础性工作。民政部《关于推进养老服务评估工作的指导意见》（后简称《指导意见》）的出台，对促进我国养老服务需求评估制度的建立会起到积极的促进作用。但在实践中一定要充分认识到评估工作的复杂性。按照国际经验，除了制定统一的评估标准外，评估主体的确定、评估的组织实施、评估结果的应用等方面都还有很多需要深入探讨的问题，即使是养老服务体系相对完善的发达经济体，这方面的工作也在不断地进行调整。因此，应对《指导意见》提出的各项任务进行深入细致的研究，尽快制定各种操作性的实施细则，并建立养老机构准入、社区和居家养老服务使用、养老护理补贴等相关制度，将养老服务需求评估作为这些制度的前提，使评估的结果真正发挥作用。

（五）改革养老服务定价机制，促进养老服务体系良性发展

应尽快改革养老服务定价机制，不论公办养老机构还是民办养老机构，全部实行全成本核算，在此基础上重新制定收费标准。同时，尽快调整养老服务资金的投入方式，加大“补需方”的力度，完善并落实高龄津贴、养老服务补贴、失能补贴等制度，探索长期护理保险制度。原有救助对象继续采取政府全额补贴的方式，其他人群按照健康状况和经济收入状况进行分级补贴，且不论入住公办养老机构还是民办养老机构，都享受同等补贴。对于健康状况良好但要求入住养老机构的老人，不论申请公立养老机构还是民办养老机构，要求全额自费。此外，通过“补需方”引导老年人更多地选择居家养老和社区养老服务，并在条件许可的情况下，尽快调整理念，强化预防和康复，增进老年人健康，尽可能减少他们对长期照料服务的依赖。

（六）全面加强养老服务人员队伍的培养

养老服务人员短缺是各国面临的普遍问题。主要发达经济体主要靠国际移民弥补人员短缺问题，但我国老年人口基数大，靠国际移民来解决我国养老服务人员数量短缺问题显然是不现实的，只能通过加强培训力度、提高服务人员素质来缓解数量不足方面的压力。同时，必须充分认识到，人员队伍的培养是个长期的过程，必须尽快开展。

一方面要稳定现有养老护理员队伍。采取补贴参保缴费、减免个税、服务积分、补贴工资等方式改善养老护理员的经济地位，尽快制定养老护理员工资与职业技能水平相挂钩的办法。另一方面要提升养老护理员整体素质，有序推广养老护理员专业化培训，拓展养老护理员职业等级，让养老护理员有更高的发展前景，吸引更多人加入到养老服务人员队伍中。此外，要尽快建立包括社会工作者、康复理疗师、营养师等养老服务相关职业群，特别是要重视养老服务管理人才队伍的培养。

（七）引导老年人及子女的养老预期

当前我国正处于养老方式转化的关键时期，老年人及其家庭对社会化养老服务的接受程度在快速提高。应当充分利用这个契机，在加强养老服务体系、特别是居家养老和社区养老服务建设的同时，加强对老年人及其家庭的引导，形成正确、积极的养老方式。对于老年人，应当鼓励老年人“老有所乐、老有所为”，为老年人独立生活创造条件；对于家庭成员，应当弘扬“孝老爱亲”的优良传统，鼓励家庭成员在老年人照顾方面发挥基础责任。同时，推广国际流行的养老理念，鼓励老年人更多地留在家里，减轻对养老机构的过度依赖。

执笔人：张佳慧

专题九

我国劳动力供求格局的转折性变化与就业政策调整

未来10年是我国劳动力供求格局从总量基本平衡向供给不足转换的重要时期，劳动力供给规模将在2016年达到7.7亿人的峰值，之后将逐步下降到2025年的7.6亿人。在前期，“稳增长”仍对“保就业”有重要意义，经济增速的过快下滑会带来失业人口的增加，但只要经济能在2019年前维持年均6.5%的增长，不出现断崖式的下降，则城镇失业率可以控制在6.5%以内，不会对经济和社会秩序造成严重冲击。但局部地区和局部行业的失业情况应该加以充分重视，各级政府应该提高失业预警的水平，强化就业服务，加强劳动保护和社会保障体系的建设，增强劳动者应对失业风险的能力。长期来看，2014~2025年现有劳动力供给能支撑的年均增速为6.2%，2025年时经济增速将下降到5.2%。要想实现更高水平的增长，需要将就业政策从保就业总量调整为鼓励就业，及早实施渐进式延长退休年龄政策，以增加劳动力供给；也需要支持企业加大技术进步力度，加快农业生产模式向规模化与产业化发展转变，通过提高劳动生产率降低劳动力需求，缓解未来劳动力供给不足对经济增长的制约。

一、我国劳动力供给即将发生转折性变化

（一）我国劳动力供给将在2016年后下降

1. 未来10年年均新增劳动力的规模约在1263万人

劳动力的供给规模取决于每年新进入和退出劳动力市场的人口规模。我国每年新增劳动力主要来源是进入劳动力市场的不同年龄新生代人口，主要包括高中和职业中学毕业未升学人员、大中专院校的毕业生和部分初中毕业未升学人员。目前初中毕业未升学人员规模很小，高校招生人数与毕业生人数差距逐步缩小①，因而每年新增劳动力规模与高中和中等职业学校毕业人数基本接近。同时，现行教育体制下高中和中等职业学校毕业人员的年龄绝大多数为18岁，这意味着未来新增劳动力规模与18岁年龄人口规模大致相同。因此，我们以18岁人口作为基数估算未来新增劳动力的规模。根据第六次人口普查数据的分城乡人口的年龄性别人口规模和死亡水平，推算出2014～2025年我国18岁人口规模介于1341万～1587万人之间，平均规模为1466万人（见表9－1）。

表9－1　　2014～2025年我国18岁人口规模　　单位：人

年度	全国	城市	镇	乡村
2014	15867067	3596152	3350885	8920030
2015	15199300	3424958	3153532	8620811
2016	15373512	3443879	3208009	8721624
2017	13912327	3215172	2912444	7784712

① 2009年后，高校招生规模扩张幅度已大幅度减少，高校招生规模和当年毕业生的规模差距已从2009年的108.4万人减少到2012年的64.1万人。

续表

年 度	全 国	城 市	镇	乡 村
2018	14430302	3431451	3045644	7953207
2019	14224886	3269633	2993946	7961307
2020	13644028	3177221	2847570	7619237
2021	13406221	2904409	2793061	7708750
2022	14779278	3293029	3036336	8449914
2023	14706947	3249886	2976860	8480202
2024	15193706	3232061	3024158	8937486
2025	15224737	3468348	2966790	8789598
平均	14663526	3308850	3025769	8328907

除了考虑18岁人口规模外，还需考虑劳动参与率对实际劳动力供给的影响。将在校学生从15~59岁人口中扣除后，计算得到的我国实际劳动参与率是相对稳定的，2008~2012年劳动参与率平均为90.64%，按此劳动参与率估计，2014~2025年我国新增经济活动人口在1215万~1438万人之间，平均规模在1329万人左右。此外，经济活动人口也包含了自然失业人口。因为劳动者更换工作需要一定周期，经济结构和产业结构变动带来的不同企业、行业、地区之间的就业岗位的增减等都会造成一定程度的失业，一定的自然失业率是不可避免的，也对促进职业流动和经济发展具有正面意义。从城镇失业率看，近年来城镇登记失业率一直维持在4.1%左右，城镇调查失业率在5%左右，但与其他各国失业率相比，我国4%~5%的城镇失业率处于较低水平，进一步下降的空间不大，可以视为我国城镇或非农产业的自然失业率。由于新增劳动力多选择在城市就业，按城镇自然失业率为5%计算，2014~2025年每年实际新增劳动力介于1154万~1366万人之间，平均规模为1263万人（见表9-2）。

表 9－2　　2014～2025 年我国新增劳动力估计　　单位：万人

年　度	18 岁年龄人口	新增经济活动人口	按失业率 2.51% 计算新增劳动力	按失业率 5% 计算新增劳动力
2014	1586.71	1438.19	1402.09	1366.28
2015	1519.93	1377.66	1343.09	1308.78
2016	1537.35	1393.46	1358.48	1323.78
2017	1391.23	1261.01	1229.36	1197.96
2018	1443.03	1307.96	1275.13	1242.56
2019	1422.49	1289.34	1256.98	1224.88
2020	1364.40	1236.69	1205.65	1174.86
2021	1340.62	1215.14	1184.64	1154.38
2022	1477.93	1339.59	1305.97	1272.61
2023	1470.69	1333.04	1299.58	1266.39
2024	1519.37	1377.16	1342.59	1308.30
2025	1522.47	1379.97	1345.33	1310.97
平均	1466.35	1329.10	1295.74	1262.65

资料来源：根据第六次人口普查数据计算得到。

2. 未来 10 年年均退出劳动力总量介于 1100 万～1575 万人之间

由于考虑到城乡劳动力退出的模式有差异，估算每年劳动力退出的总规模时，对城市、镇以及农村劳动力退出的规模分别进行估计。这里假定未来的死亡模式和劳动参与率保持 2010 年的水平，参考法定退休年龄，城镇以男性 60 岁、女性 55 岁作为基础来估算劳动力退出规模。2010 年我国 18～60 岁城市人口的平均劳动参与率为 73%，假设这一水平不变，失业率以 5% 计算，2014～2025 年期间城市每年实际退出劳动力规模在 298 万～550 万人之间，平均每年退出劳动力总量为 395.6 万人。2010 年我国城镇人口 18～60 岁平均劳动参与率为 80%，假设这一水平不变，失业率以 3% 计算，2014～2025 年期间城镇每年实际退出劳动力规模在 205 万～395 万人之间，平均每年退出就业劳动力总量为286.7万人。农村劳动力没有明确的退休年龄，但老年人也受劳动能力下降等各种因素影响逐步退出，2010年农村18～60岁人口劳动参与率平均为90.6%，但60岁以上人口劳动参与率也大幅度下降。鉴于农村人口在65岁以后劳动参与率迅速下降到50%以下，我们将65岁作为农村劳动力退出劳动力市场的基准年龄。由于农村失业率很低，2010年18～60岁农村经济活动人口的失业率只有0.94%，我们按劳动参与率90.6%估算可知，2014～2025年期间农村每年实际退出劳动力规模在505万～770万人之间，平均规模在662万人左右。三项合计，未来10年我国城乡每年退出劳动力规模介于1100万～1575万人之间，平均每年退出劳动力在1344万人左右。

3. 我国劳动力供给规模将在2017年前后发生转折性变化

考虑人口死亡率、自然失业率和非经济活动人口等因素，综合上文对年度新增劳动力与退出劳动力的估算，我国劳动力供给规模将在2017年前后发生转折性变化。具体而言，2014～2016年我国新增劳动力规模仍将大于城乡退出劳动力规模，2014～2016年劳动力净增加数量分别为266万人、120万人和203.6万人（见图9－1），全社会有效劳动力供给规模仍将继续扩大，从2013年的76977万人扩大到2016年的77567万人。从2017年开始，我国新增劳动力规模将小于城乡劳动力退出规模，2017～2025年每年减少人数在3万～308万人之间，平均每年减少174万人，全社会劳动力供给规模将持续缩减，从2017年的77564万人下降到2025年的76001万人（见图9－1）。

需要说明的是，单看我国15～59岁劳动年龄人口，总规模已从2012年开始下降。但劳动年龄人口与劳动力供给是两个不同的概念，劳动年龄人口包括经济活动人口和非经济活动人口两部分，劳动力供给是劳动年龄人口中经济活动人口扣除自然失业率之后的实际劳动力

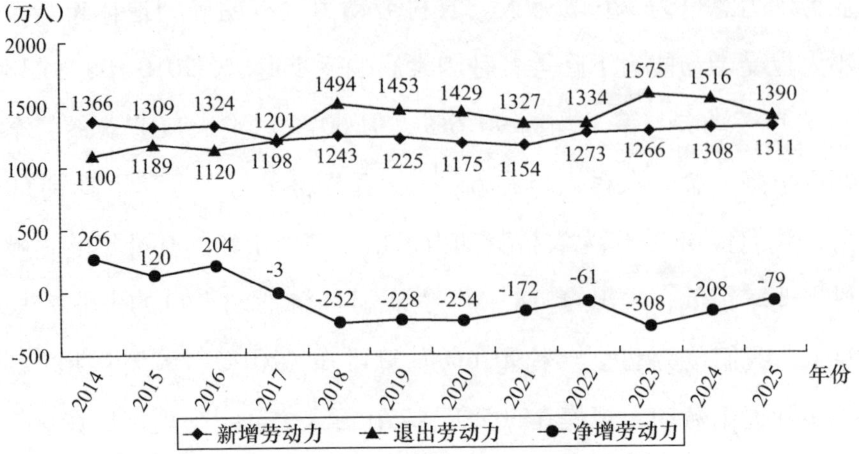

图 9－1　2014～2025 年劳动力供给变化

供给人数。受人口结构变化影响，劳动年龄人口与劳动力供给在一定时期会出现背离现象。如 2011 年以后我国 15～59 岁劳动年龄人口规模开始下降，但经济活动人口和就业人员规模仍继续扩大，重要原因是近年来人口结构变化仍处于低龄人口占比高于大龄人口占比阶段，经济活动人口或劳动力新增规模仍大于退出规模。

（二）农业劳动力面临快速下滑，非农产业劳动力仍将上升

从新增劳动力就业的产业倾向看，未来 10 年新增劳动力主要是受过职业培训的中等职业学校毕业生和本专科高校毕业生，其就业选择主要是非农产业①。具体而言，新增劳动力则全部计入城市劳动力和乡镇的非农部门，农业劳动力都来自于农村和乡镇。其中，农村劳动力都从事农业劳动，同时既没有新增劳动力进入也不考虑农业劳动力的向外转移，随着 65 岁以上人口的逐渐退出，农业劳动力会逐年减

① 2010 年我国高中及以上学历就业人员中从事第一产业的只有 221.4 万人、占相同学历就业人员的比重只有 12.9%。

少。此外，乡镇的劳动力则主要分布在农业和非农产业，二者的比例可以根据2010年人口普查中相应年龄段的乡镇就业人员农业与非农产业就业人员比例确定，并假定2014～2025年期间镇退出劳动力的行业分布不变，则非农产业退出劳动力规模在110万～271万人之间，平均规模为182万人；第一产业退出劳动力规模在76万～114万人之间，平均规模为104.7万人。因而，在新增劳动力全部选择非农产业就业的情况下，2013年以后我国非农产业就业人员将持续增加，从2013年的52806万人增加到2025年的61026万人，净增加8220万人；农业就业人员将持续下降，从2013年的24171万人下降到2025年的14974万人，减少9196万人（见图9－2）。

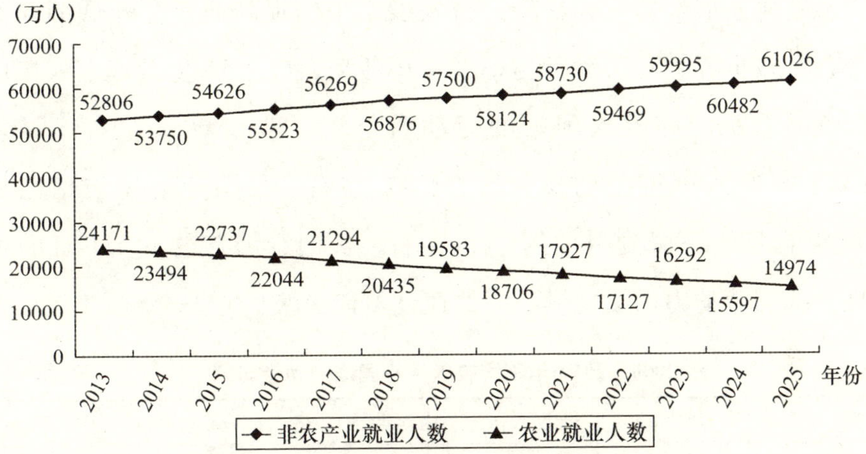

图9－2　农业就业人数和非农就业人数的变化

（三）经济发展水平与社会保障程度提高还会使劳动力供给加速下降

在上述分析中，我们对新增劳动力和退出劳动力的估计仅考虑了人口死亡率、劳动参与率、自然失业率等影响因素，没有考虑收入水平提高、社会保障制度改革、劳动力供求格局转换以及就业政策等因素对劳动力供给的影响。未来随着经济发展水平与社会保障程度的提高，我国劳动参与率特别是农村地区的劳动参与率可能加速下降，劳动力退出规模会因此扩大，即使新增劳动力规模不受影响，劳动力供给规模也会减少。但劳动力供求格局从供过于求向供给不足转换，工资水平将会提高，许多企业也会被迫更多雇佣大龄劳动力，也可能提升城镇50岁以上大龄人口的劳动参与率。

就业政策的调整也会对未来劳动力供给规模产生重要影响，如延长退休年龄或实行弹性退休制度（越晚退休领取养老金的标准越高），也会有效增加劳动力供给，甚至在短期内改变劳动力供给规模的下降趋势。

从各国发展经验看，社会经济发展水平的提高通常会降低劳动参与率，如按世界银行劳动参与率（经济活动人口占15岁及以上人口比重）统计数据，高收入国家的劳动参与率一般在60%左右（见表9-3），低收入国家劳动参与率在75%左右。我国劳动参与率已从2000年的77%下降到目前的71%左右，长期看仍有进一步下降的可能性，我国劳动力供给规模下降的速度可能更快。

表9-3　2000~2012年不同收入水平国家劳动参与率　单位:%

年　度	全　球	低收入国家	中等收入国家	高收入国家	中　国
2000	65.25	73.73	65.60	59.80	77.00
2001	65.09	73.83	65.45	58.81	76.60
2002	64.94	73.95	65.19	59.23	76.30
2003	64.82	74.09	64.95	60.00	75.90
2004	64.75	74.16	64.80	60.40	75.60
2005	64.76	74.23	64.73	60.79	75.30
2006	64.48	74.28	64.25	61.07	75.10
2007	64.21	74.34	63.78	61.83	72.10
2008	63.99	75.48	63.32	62.16	71.60

续表

年　度	全　球	低收入国家	中等收入国家	高收入国家	中　国
2009	63.71	75.55	62.96	62.20	71.20
2010	63.42	75.61	62.56	62.13	70.70
2011	63.50	75.63	62.69	62.50	71.00
2012	63.61	75.66	62.76	62.70	71.10

资料来源：Wind资讯全球宏观数据库（世界银行统计数据）。劳动参与率为经济活动人口占15岁及以上人口比重。

二、未来10年劳动力充分就业仍需经济保持适度增长

（一）未来10年就业吸纳能力仍将保持下降趋势

就业吸纳能力是分析就业与经济增长关系的常用指标[①]，指单位增加值吸纳就业人员数量，这一指标的倒数即为单位就业人员创造的增加值，相当于以增加值为指标计算的劳动生产率。从计算结果看，1990年以来我国GDP和三次产业的就业吸纳能力均呈平缓下降态势，从1990年的6.31万人/亿元下降到2013年的0.81万人/亿元。第一产业增加值的就业吸纳能力呈阶段性下降态势，其中1990～2002年期间就业吸纳能力呈降幅逐步缩小的平缓下降态势，2002年以后降幅加大，显示2002年前后第一产业的技术进步模式发生了明显改变。第二产业和第三产业增加值的就业吸纳能力均呈降幅逐步缩小的平缓下降趋势，分别从1990年的2.61万人/亿元和3.79万人/亿元下降到2013

① 另一个常用的测量就业与经济增长关系的指标是就业弹性，即GDP增速每提高一个百分点引致的就业人员增加规模。从1978～2013年间GDP和三次产业的就业弹性看，这一指标波动较大，规律性不强，如GDP的就业弹性在1992年下降到0.07，1998年提高到0.15，2006年再度下降到0.03，2012年又提高到0.05，三次产业增加值的就业弹性也均呈大幅度波动状态。就业弹性波动较大的主要原因是就业弹性包含了经济规模、经济增长、就业规模、就业增长四个方面因素，而1990年以来我国经济结构的巨大转变导致经济增速和就业均出现较大波动，导致就业弹性也出现较大波动。

年的0.32万人/亿元和0.96万人/亿元。非农产业增加值的就业吸纳能力从1990年的3.05万人/亿元下降到2013年的0.52万人/亿元。

三次产业就业吸纳能力的平缓下降态势表明，就业与产业增加值之间存在相对稳定的关系，即随着技术进步和劳动力素质的提升，我国三次产业每亿元增加值吸纳的就业人员数量逐年下降，但降幅趋于缩小。未来，第二产业以及第三产业本身的结构变化对就业具有重要的影响，如第二产业从劳动密集型产业向资本、技术密集型产业的升级，第三产业中生产性服务业相对生活性服务业的快速发展，都会造成就业吸纳人数的下降。另外，劳动力供求格局的转变也会对未来产业结构的变化形成反作用。随着劳动力从供给过剩向供给不足的转变，劳动成本的提升会抑制劳动密集型产业的发展。鉴于产业结构演变的复杂性及其与劳动力供求格局之间的相互影响，我们很难用简单的模型对未来产业结构与劳动力就业的关系作出具体分析，但从产业关联角度看，非农产业是一个相互关联的有机整体，二、三产业及其内部行业之间是相互依存的，非农产业内部结构变化对就业的影响，最终体现为非农产业就业吸纳能力的平缓下降趋势。

考虑到2000年之前我国经济结构变动较大、就业存在隐性失业等因素对就业吸纳能力的影响，我们选择就业吸纳能力变化趋势更为平滑的2000~2013年数据为样本，通过对数回归确定了农业产业和非农产业就业吸纳能力的内在发展规律，根据回归分析方程进行趋势外推，得到2014~2025年就业吸纳能力的发展趋势。结果显示，就业吸纳能力将持续下降。如图9-3所示，GDP、第一产业、非农增加值就业吸纳能力将分别从2013年的0.81万人/亿元、4.95万人/亿元、0.52万人/亿元下降到2025年的0.31万人/亿元、1.93万人/亿元、0.29万人/亿元。

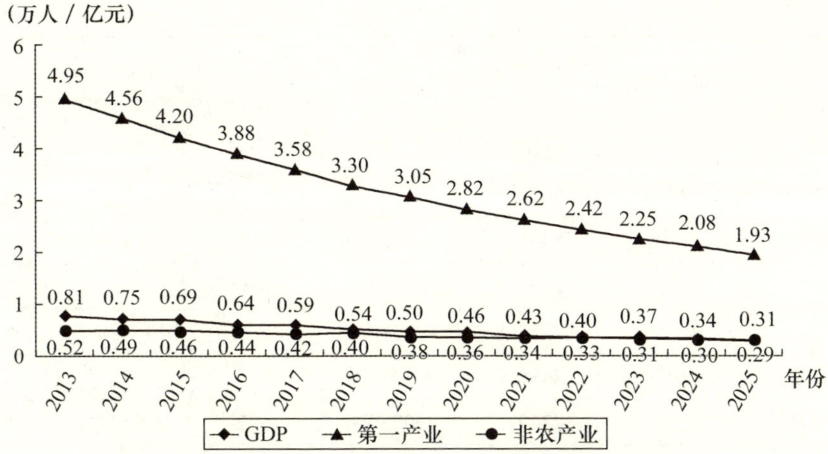

图9－3　2014～2025年三次产业增加值的就业吸纳能力

（二）实现劳动力充分就业仍需经济保持适度增长

1. 未来10年实现充分就业所需的年均经济增长速度约为6.2%

根据第一产业和非农产业增加值就业吸纳能力和劳动力供给规模，我们推算得到2014～2025年实现劳动力充分就业所需要的经济规模及其增速（如表9－4所示），劳动力充分就业所需经济规模（1978年价格）将从2014年的114663亿元扩大到2025年的220250亿元，经济增速介于5.2%～7.4%之间，年均经济增速为6.2%。

表9－4　2014～2025年保证新增劳动力就业所需经济增速

年　度	非农产业（亿元）	第一产业增加值（亿元）	GDP（亿元）	非农产业增加值增速（%）	第一产业增加值增速（%）	GDP增速（%）
2014	109510.8	5152.2	114663.0	6.8	5.6	6.8
2015	117719.6	5410.0	123129.6	7.5	5.0	7.4
2016	126355.0	5687.0	132042.0	7.3	5.1	7.2
2017	135015.2	5952.3	140967.5	6.9	4.7	6.8
2018	143673.2	6184.6	149857.9	6.4	3.9	6.3
2019	152689.3	6412.1	159101.4	6.3	3.7	6.2

续表

年　度	非农产业（亿元）	第一产业增加值（亿元）	GDP（亿元）	非农产业增加值增速（%）	第一产业增加值增速（%）	GDP增速（%）
2020	162017. 4	6621. 7	168639. 2	6. 1	3. 3	6. 0
2021	171609. 2	6855. 4	178464. 6	5. 9	3. 5	5. 8
2022	181909. 0	7070. 0	188979. 0	6. 0	3. 1	5. 9
2023	191863. 7	7254. 8	199118. 6	5. 5	2. 6	5. 4
2024	201959. 5	7486. 6	209446. 1	5. 3	3. 2	5. 2
2025	212507. 8	7742. 2	220250. 0	5. 2	3. 4	5. 2
2014～2025增长	2. 1	1. 6	2. 1	6. 3	3. 9	6. 2

资料来源：根据就业吸纳能力与图 9－3 数据推算得到。

从各年度情况看，在劳动力供给规模继续扩大的 2014～2017 年期间，实现劳动力充分就业所需经济增速较高，但只要经济保持 7% 左右的增长，就能基本实现劳动力充分就业。2017 年以后劳动力供给规模下降，即使在技术进步带来的经济就业吸纳能力下降情况下，实现劳动力充分就业所需经济增速也会明显下降，将从 2017 年的 6. 8% 下降到 2025 年的 5. 2% 。

分行业看，鉴于新增劳动力主要从事非农产业就业，非农产业劳动力供给规模将持续增加，要实现非农产业劳动力充分就业，2014～2025 年期间仍需要非农产业增加值保持年均 6. 3% 的增速，其中 2014～2017 年所需平均增速为 7. 1% ，2017 年以后所需增速逐年下降，从 2017 年的 6. 9% 下降到 2025 年的 5. 2% 。

在新增劳动力主要选择非农产业就业情况下，第一产业劳动力供给规模将持续下降，但受第一产业劳动生产率提高引致的就业吸纳能力下降影响，要实现第一产业劳动力充分就业，2014～2025 年期间仍需要第一产业增加值保持适度增长，所需增速介于2.4%～5.6%之间，年均增速为3.9%。其中2014～2017年第一产业劳动力充分就业所需平均增速为5.1%，2017年以后所需增速趋于下降，从2017年的4.7%下降到2025年的3.4%。

1990～2013年期间，我国第一产业增加值平均增速为4.04%，2014～2017年期间解决第一产业劳动力就业所需增速高于过去23年第一产业增加值平均增速，说明在新增劳动力全部转向非农产业就业、第一产业劳动力规模不断下降的情况下，随着第一产业劳动生产率的提高，未来4年第一产业仍存在向非农产业转移劳动力的潜力。

2. 经济增速放缓会带来失业人数的上升，但不会造成失业率的剧烈波动

从充分就业所需的经济增速看，2015年7.4%和2016年7.2%的增速仍然高过很多专家学者对未来经济增速的预期，我们分三种情景分析经济增速下降较快对劳动力就业的影响。

第一种情景是经济增速分阶段下降到5.5%，即2014年经济增速在7.0%的情况下，2015～2019年经济增速下降到6.5%，2020～2024年经济增速下降到6.0%，2025年的经济增速为5.5%，2014～2025年的平均增速为6.3%（见表9－5）。这一情况下，在2015～2023年期间，我国都会面临一定的失业增加的情况，而2024年开始则会出现劳动力的短缺。其中失业人数最高的年份是2017年，会新增失业903万人，会导致当年的失业率增加1.5个百分点。由于我们以5%作为自然失业率，因此当年在农村保持充分就业的条件下，城镇失业率水平将为6.5%，从世界范围看，这一水平不高，仍然在较为安全的范围内。

表 9－5　　经济增速下降对就业的影响（情景 1）

年　度	充分就业经济增速（%）	假定 GDP 增速（%）	非农产业增加值增速（%）	非农产业吸纳就业人员（万人）	充分就业人员（万人）	当年失业人数（万人）
2014	6.8	7.0	7.1	53868.8	53749.5	－119.2
2015	7.4	6.5	6.6	54275.8	54626.0	350.3
2016	7.2	6.5	6.6	54770.5	55523.1	752.6
2017	6.8	6.5	6.6	55366.3	56269.4	903.1
2018	6.3	6.5	6.6	56070.7	56876.4	805.7
2019	6.2	6.5	6.6	56871.5	57500.5	629.0
2020	6.0	6.0	6.1	57491.4	58123.6	632.2
2021	5.8	6.0	6.1	58191.2	58730.3	539.0
2022	5.9	6.0	6.1	58986.7	59469.3	482.5
2023	5.4	6.0	6.1	59881.1	59995.4	114.3
2024	5.2	6.0	6.1	60851.4	60482.4	－369.0
2025	5.2	5.5	5.6	61605.0	61026.2	－578.8
2014～2025 增长	6.2	6.3	/	/	/	/

第二种情景是经济增速以每年下降 0.15 个百分点的速度从 2014 年的7%下降到2025 年的5.35%，2014～2025 年的平均增速为6.18%（见表9－6）。这一情况下，从 2015～2024 年我国都会面临一定的失业增加的情况，而2025 年开始则会出现劳动力的短缺。相对于情景 1 而言，各年的新增失业人数的总规模更低，最高峰的 2017 年新增失业人数为 576 万人，会导致当年的失业率增加 1 个百分点，当年的城镇失业率水平将为6%。

同时，我们也考虑了第三种情况，即经济增速以每年下降 0.3 个百分点的速度从 2014 年的 7.4% 下降到 2019 年的 5.9%，再保持 5.9%的增速直到2024 年，到2025 年下降到 5.5%，2014～2024 年经

表 9-6　　经济增速下降对就业的影响（情景 2）

年　度	充分就业经济增速（%）	假定 GDP 增速（%）	非农产业增加值增速（%）	非农产业吸纳就业人员（万人）	充分就业人员（万人）	当年失业人数（万人）
2014	6.8	7.00	7.1	53868.8	53749.5	-119.2
2015	7.4	6.85	6.9	54462.4	54626.0	163.6
2016	7.2	6.70	6.8	55066.6	55523.1	456.5
2017	6.8	6.55	6.6	55692.7	56269.4	576.7
2018	6.3	6.40	6.5	56345.7	56876.4	530.8
2019	6.2	6.25	6.4	57010.2	57500.5	490.3
2020	6.0	6.10	6.2	57688.0	58123.6	435.5
2021	5.8	5.95	6.0	58361.5	58730.3	368.8
2022	5.9	5.80	5.9	59043.1	59469.3	426.2
2023	5.4	5.65	5.8	59732.9	59995.4	262.5
2024	5.2	5.50	5.6	60404.0	60482.4	78.4
2025	5.2	5.35	5.4	61062.3	61026.2	-36.1
2014~2025 增长	6.2	6.18	/	/	/	/

济增速平均为 6.2%，而 2015~2019 年的平均增速为 6.5%（见表 9-7）。在这一情况下，经济增速的放缓也会造成 2016~2023 年的失业率上升，失业人数最高的是 2020 年，会带来 467 万的新增失业人口，造成失业率上升 0.8% 的百分点，达到 5.8%。

表 9-7　　经济增速下降对就业的影响（情景 3）

年　度	充分就业经济增速（%）	假定 GDP 增速（%）	非农产业增加值增速（%）	非农产业吸纳就业人员（万人）	充分就业人员（万人）	当年失业人数（万人）
2014	6.8	7.4	7.5	54079.6	53749.5	-330.1
2015	7.4	7.1	7.2	54809.2	54626.0	-183.1
2016	7.2	6.8	6.9	55471.3	55523.1	51.9

续表

年　度	充分就业经济增速（%）	假定 GDP 增速（%）	非农产业增加值增速（%）	非农产业吸纳就业人员（万人）	充分就业人员（万人）	当年失业人数（万人）
2017	6. 8	6. 5	6. 6	56074. 2	56269. 4	195. 2
2018	6. 3	6. 2	6. 3	56619. 9	56876. 4	256. 5
2019	6. 2	5. 9	6. 0	57090. 7	57500. 5	409. 8
2020	6. 0	5. 9	6. 0	57656. 1	58123. 6	467. 5
2021	5. 8	5. 9	6. 0	58300. 5	58730. 3	429. 7
2022	5. 9	5. 9	6. 0	59039. 5	59469. 3	429. 8
2023	5. 4	5. 9	6. 0	59875. 9	59995. 4	119. 5
2024	5. 2	5. 9	6. 0	60786. 6	60482. 4	-304. 2
2025	5. 2	5. 5	5. 6	61539. 4	61026. 2	-513. 3
2014~2025 增长	6. 2	6. 2	/	/	/	/

上述分析表明，在这三种情况下，经济增速下降到 5. 5% 左右的水平，年均增长率在 6. 2% 左右，则未来我国将会面临一定的就业压力，而且这种压力会持续一个较长时间，直到 2024 年左右才会变为劳动力不足。因此，稳增长对保就业仍具有重要的现实意义。但在这三种情况下，每年新增失业人数的总规模仍然在较低水平，失业率最高达到 6. 5% 的水平，因此，只要经济不出现断崖式下降，则对就业的冲击仍然在可承受的范围内。

三、我国中长期经济发展将面临劳动力供给不足的制约

从经济运行的内在规律与需求基础看，我国中长期经济发展仍具有保持 7% 左右较快增长的潜力，这将引致劳动力供求格局从供求基本平衡转向供给不足。

（一）我国中长期经济发展仍具有较快增长的潜力

从工业化发展的一般规律看，我国经济已结束高速增长期，进入较快增长期。从各国经济发展的历史经验看，重化工业化阶段是经济加速、高速增长阶段，工业化后期经济增速将逐步下降，进入较快增长期。如日本经济在1961～1969年处于高速增长阶段、年均经济增速高达10.44%，1970年以后进入较快增长期，1970～1985年经济增速介于－1.23%到8.41%之间、年均增速为4.08%；韩国经济在1966～1988年的高速增长阶段经济增速介于－1.49%～14.1%之间、年均增速高达8.59%，1988年以后进入较快增长期，1989～2002年期间经济增速介于－6.85%～9.39%之间、年均增速6.35%。我国经济在历经1990～2000年以家电快速增长为主的轻工业化阶段、2000～2010年以汽车和房地产快速增长为主的重化工业化阶段后，已进入服务业相对快速发展的工业化后期。2013年第三产业增加值占GDP比重已超过第二产业增加值占GDP比重，从各国发展经验看，未来10年经济增速将下降，但仍将保持较快增长状态。

从需求角度看，短期经济增长取决于投资、消费和出口三大需求，但中长期经济增长取决于消费和出口两大终端需求，因为投资在短期是需求因素，但从中长期来看投资是决定供给能力的基本因素，其增长最终取决于消费和出口。我国城乡居民的家电、计算机、手机等耐用消费品需求多数已达到饱和状态，需求进入以产品更新需求和新产品需求为主的低速增长时期。以城镇居民家庭为主的乘用车需求也从2000～2012年年均增长39%的高速增长期转向增速在10%～15%的次高速增长期，国内消费对经济增长的拉动作用减弱。2012年我国已成为全球最大商品出口国，2013年商品出口占全球商品出口的比重已达到11.76%，接近德国占比的历史最高水平（12.21%，1990年）、超过日本占比的历史最高水平（9.58%，1993 年）。从德国、日本等贸易大国的发展经验看，我国出口高速增长期已经结束，未来出口增速将向全球出口平均 8% 左右的增速回归。消费与出口增速的下降意味着我国经济高速增长期已经结束，未来将向较快增长期转换。

从经济运行的周期性波动规律看，由居民收入的正态分布特征所决定，各国经济增长在任何时期都是周期性波动的。我国经济运行从 2007 年下半年开始进入中长期周期性波动的下降期，历经 7 年的回调，目前经济增速已回调到周期性运行的底部。从过去周期波动情况看，经济增速在底部徘徊一段时期，产能过剩得到消化，一旦外部发展环境得到改善（1992 年小平南方谈话、十四大召开，2000 年我国加入 WTO、出口恢复增长等），经济即恢复周期性上升。在本轮周期性回调中，2012 年二季度经济增速已下降到 8% 以下，至今已盘整两年。鉴于美欧日等世界主要经济体经济仍处于金融危机之后的复苏企稳阶段，预计到 2015 年我国经济仍将在 7% ~8% 的底部运行，此后将随着出口恢复较快增长进入新的周期性上升期。但受发展阶段制约，未来经济增速难以回升到 10% 以上的高速增长状态，中长期经济增速将呈周期性下行趋势。

我们根据 2000 年以来我国 GDP 与投资、消费和进出口的内在关系，建立了一个以出口为外生变量的简单计量分析模型，运用模型模拟分析了出口增长 5% 和增长 8% 两种情景下我国经济中长期发展趋势，结果显示：在出口增速保持 5% 情况下，2014 ~2025 年我国经济增速将呈周期性下行趋势，各年度经济增速介于 5.9% ~7.9% 之间，平均增速为 6.8%；在出口增速保持 8% 情况下，2014 ~2025 年我国经济增速也将呈周期性下行趋势，各年度经济增速介于 6.6% ~8.6% 之间，平均增速为 7.4%（见图 9 –4）。综合来看，在仅考虑需求因素、不考虑其他因素制约的情况下，只要我国出口能够保持5%～8%的增长，我国中长期经济就能达到7%左右的较快增长。

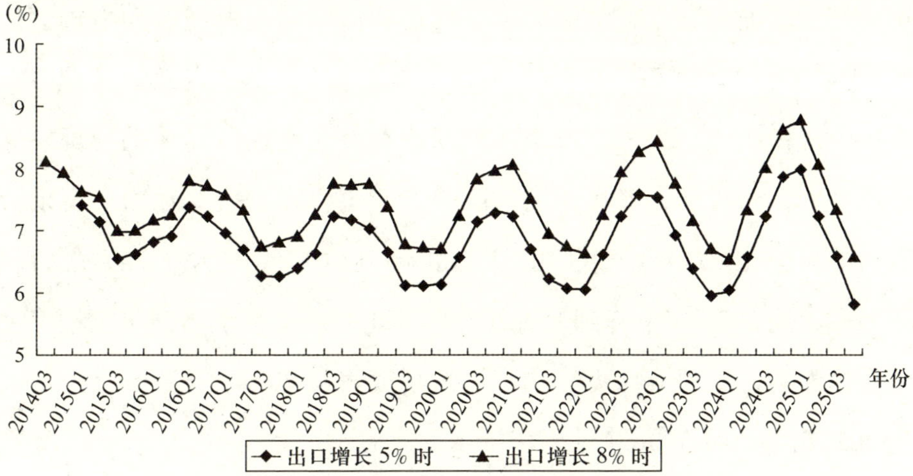

图9－4　不同情景下我国经济增速发展趋势预测

（二）第一产业劳动力供给仅能支持其增加值保持4%左右的增速

第一产业的发展取决于土地、水等自然资源存量和劳动力、资本、技术进步等生产要素，我国土地和水资源有限，第一产业的发展主要取决于劳动力、资本和技术进步等生产要素投入。如果在没有重大制度创新或生产技术创新情况下，从劳动力供给角度看，未来10年第一产业劳动力供给规模最多只能支持第一产业增加值保持4%左右的增速。

前述分析结果表明，2014～2017年第一产业劳动力供给规模所能支持的第一产业增加值增速为5.1%，大幅度高于过去13年第一产业增加值的潜在增速，说明这一时期第一产业仍会存在富余劳动力。考虑到第一产业持续的技术进步，前期富余劳动力在后期能够支持更高的产出增速，如果这些劳动力不向外转移，我们通过模拟分析可知，未来10年第一产业劳动力供给规模能够支持其增加值保持4%左右的增速。

具体分析过程如下：2000～2013年期间第一产业增加值平均增速为4.23%，假定2014～2025年期间第一产业继续保持这一增速，根据第一产业增加值就业吸纳能力推算，达到潜在增速所需劳动力规模将从2014年的23192万人下降到2025年的15516万人。与第一产业劳动力供给规模相比，2014～2021年期间达到潜在增速所需劳动力规模低于劳动力供给规模，即在此期间第一产业仍存在富余劳动力，富余劳动力的规模在从2014年的302万人提高到2017年的691万人之后趋于缩减，到2021年下降到153万人，2021年以后劳动力需求规模将大于供给规模，出现劳动力短缺，短缺规模将从2022年的35万人扩大到2025年的542万人（见表9－8）。

表9－8　第一产业增加值增速达到4.23%所需劳动力及其缺口估计

年　度	第一产业增加值增速（%）	第一产业增加值（亿元）	所需劳动力（万人）	劳动力供给（万人）	劳动力缺口（万人）	当年新增富余劳动力（万人）
2014	4.23	5086.0	23191.7	23493.6	301.9	301.9
2015	4.23	5301.1	22279.7	22737.3	457.6	155.7
2016	4.23	5525.4	21417.5	22043.8	626.3	168.7
2017	4.23	5759.1	20603.1	21294.2	691.1	64.8
2018	4.23	6002.7	19834.2	20435.4	601.2	－90.0
2019	4.23	6256.6	19108.2	19583.1	474.9	－126.3
2020	4.23	6521.3	18422.4	18706.2	283.7	－191.1
2021	4.23	6797.1	17774.5	17927.0	152.5	－131.2
2022	4.23	7084.6	17162.0	17126.6	－35.4	－187.9
2023	4.23	7384.3	16582.8	16292.0	－290.8	－255.4
2024	4.23	7696.7	16034.8	15597.2	－437.6	－146.8
2025	4.23	8022.3	15516.0	14974.4	－541.6	－104.0
平均	4.23	6453.1	18993.9	19184.2	190.3	－45.1

资料来源：根据第一产业增加值就业吸纳能力计算得到。

此外，由于新增劳动力主要选择非农产业就业，第一产业劳动力会因缺乏年轻劳动力的补充而存在日渐老龄化的问题。随着平均年龄的不断提高，第一产业劳动力的总体劳动能力趋于下降，这必然会影响到第一产业劳动生产率的提升，加剧第一产业劳动力供给不足问题。由此可见，未来10年第一产业劳动力供给只能保障第一产业增加值保持其4%左右的潜在增速，农业劳动力转移的潜力日渐缩小，这与2010年以后农民工增加人数大幅度缩减的趋势是一致的，我国每年增加的农民工人数已从2010年的1245万人下降到2013年的633万人。这也显示出农村剩余劳动力的规模正在快速下降。

（三）非农产业较快增长将面临劳动力供给不足制约

从需求角度看，未来我国非农产业及整个经济仍具有维持7%左右较高增速的发展潜力。在第一产业劳动力不再向非农产业转移的情况下，要实现经济年均增长7%的预期目标，非农产业所需劳动力规模将从2014年的53869万人增加到2025年的67232万人。与非农产业劳动力供给规模相比，2014～2017年非农产业劳动力需求规模和供给规模基本一致，即劳动力供求处于基本平衡状态。但从2018年开始劳动力需求规模将大于供给规模，且劳动力供求缺口不断扩大，从2018年的301万人逐步扩大到2025年的6206万人（见表9－9）。

表9－9　GDP增速预期目标为7%情景下非农产业劳动力供求缺口

年　度	预期GDP增速（%）	预期非农产业增加值增速（%）	劳动力需求（万人）	劳动力供给（万人）	劳动力供求缺口（万人）	充分就业增速（%）
2014	7.0	7.1	53869	53750	－119	6.8
2015	7.0	7.1	54542	54626	84	7.4
2016	7.0	7.1	55309	55523	214	7.2

续表

年　度	预期 GDP 增速（%）	预期非农产业增加值增速（%）	劳动力需求（万人）	劳动力供给（万人）	劳动力供求缺口（万人）	充分就业增速（%）
2017	7.0	7.1	56185	56269	85	6.8
2018	7.0	7.1	57177	56876	-301	6.3
2019	7.0	7.1	58276	57500	-776	6.2
2020	7.0	7.2	59488	58124	-1365	6.0
2021	7.0	7.1	60800	58730	-2070	5.8
2022	7.0	7.1	62232	59469	-2763	5.9
2023	7.0	7.2	63789	59995	-3793	5.4
2024	7.0	7.1	65451	60482	-4969	5.2
2025	7.0	7.1	67232	61026	-6206	5.2
平均	7.0	7.1	59529	57698	-1832	6.2

资料来源：根据非农产业增加值就业吸纳能力计算得到。

（四）延长退休年龄能够有效增加劳动力供给

解决劳动力供求缺口问题的途径之一是延长退休年龄。如果把GDP增速的预期目标定为7%，那么从2017年开始将城镇女性退休年龄延长5年，由此增加的劳动力供给规模将从2017年的201万人增加到2025年的1825万人，这一劳动力增量仅能弥补2018~2020年的劳动力供求缺口。如果从2017年开始将城镇男性劳动力退休年龄同时延长5年，由此增加的男性劳动力加上女性退休年龄延长5年所增加的劳动力，总计增加的劳动力规模将从2017年的452万人扩大到2025年的3410万人，这一劳动力增量可以弥补2018~2022年劳动力供求缺口，但2023~2025年仍存在819万~2796万人的劳动力供求缺口。如果进一步延长劳动力退休年龄，譬如将城镇男女劳动力退休年龄延长8年，由此增加的劳动力规模将从2017年的452万人扩大到2025

年的5650万人，这一劳动力增量基本可以弥补2018～2025年的全部劳动力供求缺口（见表9－10）。总之，如果仅采取延长退休年龄的办法，要弥补经济较快增长情况下劳动力供求缺口，需要在2017年前后大幅度延长退休年龄。

表9－10　GDP增速预期目标为7%情景下劳动力需求缺口及其弥补路径　单位：万人

年度	非农产业劳动力供求缺口	男性退休劳动力	女性退休劳动力	男性延长5年退休增加劳动力	女性延长5年退休增加劳动力	男性延长8年退休增加劳动力	女性延长8年退休增加劳动力	延长5年增加劳动力	延长8年增加劳动力
2017	85	251	201	251	201	251	201	452	452
2018	－301	271	365	522	565	522	565	1087	1087
2019	－776	227	374	749	939	749	939	1688	1688
2020	－1365	215	336	964	1276	964	1276	2240	2240
2021	－2070	198	349	1163	1625	1163	1625	2788	2788
2022	－2763	216	318	1127	1742	1378	1943	2869	3321
2023	－3793	398	342	1255	1720	1777	2285	2974	4061
2024	－4969	403	418	1431	1764	2180	2703	3195	4883
2025	－6206	365	402	1581	1829	2545	3105	3410	5650

资料来源：根据第六次人口普查数据等计算得到。

（五）加大技术进步力度可大幅度降低劳动力需求

除延长退休年龄增加劳动力供给外，解决劳动力供求缺口问题的重要途径是加大技术进步幅度、减少劳动力需求。根据非农产业劳动力供给规模，要达到经济增长7%的预期目标，要求非农产业就业吸纳能力从2017年的0.42万人/亿元下降到2025年的0.26万人/亿元（见表9－11），即要求2018～2025年期间非农产业就业吸纳能力下降（或劳动生产率提高）59.90%，年均下降幅度为6.04%。与非农产业就业吸纳能力的内在发展趋势相比，这一提升幅度比非农产业就业吸纳能力保持其内在发展趋势情况下的下降幅度（45.13%）高14.77个百分点，年均降幅比内在发展趋势年均降幅（4.77%）高1.27个百分点。

表9－11 弥补较高经济增速劳动力供求缺口对就业吸纳能力的要求

年度	预期GDP增速（%）	预期非农产业增加值增速（%）	劳动力需求（万人）	劳动力供给（万人）	劳动力供求缺口（万人）	就业吸纳能力内在趋势（万人/亿元）	要求就业吸纳能力（万人/亿元）
2014	7.0	7.1	53869	53750	－119	0.49	0.49
2015	7.0	7.1	54542	54626	84	0.46	0.46
2016	7.0	7.1	55309	55523	214	0.44	0.44
2017	7.0	7.1	56185	56269	85	0.42	0.42
2018	7.0	7.1	57177	56876	－301	0.40	0.39
2019	7.0	7.1	58276	57500	－776	0.38	0.37
2020	7.0	7.2	59488	58124	－1365	0.36	0.35
2021	7.0	7.1	60800	58730	－2070	0.34	0.33
2022	7.0	7.1	62232	59469	－2763	0.33	0.31
2023	7.0	7.2	63789	59995	－3793	0.31	0.29
2024	7.0	7.1	65451	60482	－4969	0.30	0.28
2025	7.0	7.1	67232	61026	－6206	0.29	0.26
平均	7.0	7.1	59529	57698	－1832	0.38	0.37

资料来源：根据非农产业就业吸纳能力相关关系计算得到。

与1990～2013年期间非农产业就业吸纳能力的实际下降幅度相比，2014～2025年期间年均下降6.04%的幅度要小于1990～2000年期间8.71%的年均降幅和2000～2010年期间8.19%的年均降幅，但高于2010～2013年期间5.37%的年均降幅（见表9－12）。1990～2010年期间非农产业就业吸纳能力的下降是在劳动力供给过剩、技术进步压力相对较小的情况下取得的，2010～2013 年我国经济处于周期性下降阶段、劳动力供求处于基本平衡状态，企业通过技术进步减少劳动力需求的压力相对较小，而 2014 年以后经济进入周期性上升期，面对劳动力供给不足日渐严重的局面，企业借助技术进步提高劳动生产率、降低劳动力需求的动力会大幅度提高。2018～2025 年期间依靠技术进步将非农产业的劳动生产率提高 60% 或年均提高 6%，有实现的可能性。事实上，近几年面对农民工短缺、工资快速上涨和企业劳动成本提高等问题，为降低劳动成本、应对劳动力供给不足对企业发展的制约，许多劳动密集型企业已通过提高生产的自动化程度（如采用机器人）降低用工人数，提高企业的可持续发展能力。

表 9－12　　我国非农产业就业吸纳能力及其下降幅度

时　期	就业吸纳能力（万人/亿元）	下降幅度（%）	年均下降幅度（%）
1980～1990 年	4.21～3.05	38.10	3.28
1990～2000 年	3.05～1.32	130.43	8.71
2000～2010 年	1.32～0.6	119.71	8.19
2010～2013 年	0.6～0.52	17.00	5.37
2013～2017 年	0.52～0.42	23.60	5.44
2017～2025 年	0.42～0.29	45.13	4.77

资料来源：根据非农产业增加值规模（1978 年价格）和就业人员规模计算得到，2014～2025 年为就业吸纳能力内在发展趋势值。

四、结论与政策建议

未来 10 年是我国劳动力供求格局从供求基本平衡向供给不足转换的重要时期。我国劳动力供给规模将以 2017 年为拐点发生转折性变化，2017 年以前劳动力供给规模仍将持续扩大，但 2017 年以后将不断下降。劳动力供给规模的转折性变化意味着未来保就业压力逐步下降，2017 年之前保持 7% 左右的增速就能基本实现劳动力充分就业，2017 年以后充分就业对应的经济增速将大幅度下降，2025 年只有 5.2%。从需求角度看，未来 10 年我国经济仍具有保持 7% 左右较快增长的潜力，但劳动力供给不足将成为实现经济较快增长的重要制约因素。在现行劳动制度下，2017 年以后我国经济将面临劳动力供给不足的局面。要实现中长期经济持续稳定增长，需要及时调整就业政策，通过延长退休年龄、支持企业加大技术进步力度，有效增加劳动力供给，降低劳动力需求。

（一）就业政策的总体方向应从保就业总量向鼓励就业转换

随着劳动力供给规模的下降，保就业总量的压力会逐步下降，就业政策应从保就业总量向解决就业结构性矛盾和应对劳动力供给不足转换。其中解决就业结构性矛盾的重点，应是通过高校招生制度改革和院校专业设置的市场化取向改革，及时控制普通高等教育及综合型大学规模，重点发展中等和高等职业教育，减轻劳动力结构性错配造成的产业结构失衡及局部劳动力缺口。

（二）及早实施渐进式延长退休年龄政策，为经济持续稳定增长创造条件

延长退休年龄、增加劳动力供给，是缓解劳动力供给不足、支持经济持续稳定增长的重要途径。通过延长退休年龄有助于实现经济可持续增长，不仅能够提升整个社会的收入水平，也能够增强当前社会保障制度的可持续性。但延长退休年龄会损害即将退休人员的福利，也会造成政策实施前后退休年龄群体的不公平待遇。为增强延长退休年龄政策的可操作性，便于广大劳动者接受延长劳动力退休年龄的政

策措施，建议及早实施渐进式延长退休年龄的方式，同时实施必要的激励措施，将延长退休年龄与养老保障挂钩，提高延迟退休职工的退休金待遇。

（三）鼓励企业加大技术进步力度

技术进步是经济结构转型升级的基础，也是提高劳动生产率、降低劳动力需求规模、应对未来劳动力供给不足的根本途径。特别是劳动密集型产业，应采取税收优惠等政策扶持措施，鼓励企业加大技术投入，通过提高劳动生产率降低企业对劳动力的依赖，增强企业可持续发展能力，避免劳动密集型企业因劳动成本上涨过快而破产对就业造成的负面冲击。

（四）加快农业发展模式转换步伐

农村劳动力规模下降与大龄化是未来我国农村劳动力供给的客观趋势，应高度重视农业劳动力过度流失和劳动力大龄化对未来农业可持续发展的负面影响。为应对劳动力不足与大龄化问题，农村已出现大量小型的自发互助合作组织，这种小型互助合作组织在一定程度上缓解了当前农村劳动力不足与大龄化的问题，但难以应对农村中长期发展所面临的劳动力供给大幅度下降和大龄化对农业发展的制约。应在允许土地流转的基础上，通过鼓励产业资本“下乡”，加快农业规模化、产业化经营的进程，借助农业发展模式转换，提高农业劳动生产率与可持续发展能力。

（五）完善失业预警和劳动保护

未来随着经济增速的下降、产业结构调整，尽管发生全国性大规模失业的可能性不大，但可能在部分地区、部分行业出现失业率上升的问题。因此，政府应对于风险较大的企业和行业及时进行失业预警，对于破产企业优先保障工人工资得到支付，并加强就业服务，积极引导失业人员的再就业。加强劳动执法，确保劳动者可以得到《劳动法》规定的解除劳动关系后的经济补偿。此外，还应提高失业保险的覆盖水平和瞄准率，特别应关注失业风险较大的流动人口，适度提高失业保险金的替代水平，提高劳动者抵御风险的能力。

执笔人[①]：葛延风　李建伟　张冰子

① 喻东参与讨论并提出重要修改意见。